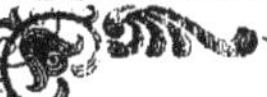

VENTE AUX ENCHÈRES PUBLIQUES

DES

CHARTES, DOCUMENTS HISTORIQUES

TITRES NOBILIAIRES, ETC.

COMPOSANT LES

ARCHIVES

DU

COLLÉGE HÉRALDIQUE

ET

HISTORIQUE DE FRANCE.

PREMIÈRE PARTIE.
PICARDIE.

Dont la vente aura lieu le 29 mai et les 3 jours suivants,
Rue Monsigny, 6, à 1 h. et demie précise,
PAR LE MINISTÈRE DE Mᵉ **HENRI LECHAT**,
COMMISSAIRE-PRISEUR,
Rue du Faubourg-Poissonnière, 62.

Prix : **un franc,**

Et pour le recevoir envoyer 1 FRANC **20** CENT. *en timbres-poste.*

SE TROUVE A PARIS

A LA LIBRAIRIE DE J.-LÉON TECHENER FILS,

RUE DE L'ARBRE-SEC, 52, AU PREMIER.

—

1866

Les Chartes et documents historiques, composant le **Collége héraldique et historique de France**, au nombre de plus de CENT MILLE pièces, sont classés dans l'ordre des anciennes provinces de France. Chaque Province formera *un ou plusieurs* Catalogues qui s'impriment, et dont les ventes auront lieu dans le courant de l'année 1866.

Le Catalogue de la **Normandie**, qui renferme 2015 n°ˢ, est sous presse et paraîtra le 10 juin prochain. Les personnes qui désireraient recevoir exactement ce Catalogue devront se faire inscrire à l'avance en envoyant 3 francs en *timbres-poste*.

CHARTES

DOCUMENTS HISTORIQUES

TITRES NOBILIAIRES, ETC.

LA VENTE AURA LIEU

Le mardi 29 mai et les trois jours suivants,
à une heure et demie,

Rue Monsigny, n° 6,

Par le ministère de M⁰ H. LECHAT, commissaire-priseur,
rue du Faubourg-Poissonnière, 62.

ORDRE DE LA VENTE.

PREMIÈRE VACATION.	TROISIÈME VACATION.
Le mardi 29 mai.	*Le vendredi 1ᵉʳ juin.*
Nᵒˢ 1 à 158	Nᵒˢ 307 à 464
DEUXIÈME VACATION.	QUATRIÈME VACATION.
Le mercredi 30 mai.	*Le samedi 2 juin.*
Nᵒˢ 159 à 306	Nᵒˢ 465 à 652

CONDITIONS DE LA VENTE :

Il y aura, chaque jour à MIDI, exposition des pièces qui seront vendues à UNE HEURE ET DEMIE.

Les manuscrits et documents originaux ne pourront être admis à aucune réclamation une fois adjugés.

Les adjudicataires payeront, en sus du prix d'adjudication, 5 centimes par franc, applicables aux frais.

Paris. — Imprimerie de Ad. Lainé et J. Havard, rue des Saints-Pères, 19.

CATALOGUE ANALYTIQUE

DES

CHARTES, DOCUMENTS HISTORIQUES

TITRES NOBILIAIRES, ETC.

COMPOSANT LES

ARCHIVES

DU

COLLÉGE HÉRALDIQUE

ET

HISTORIQUE DE FRANCE.

PREMIÈRE PARTIE.
PICARDIE.

SE TROUVE A PARIS

A LA LIBRAIRIE DE J.-LÉON TECHENER FILS,

RUE DE L'ARBRE-SEC, 52, AU PREMIER.

1866

INTRODUCTION.

Les pièces que nous avions à cataloguer composant les *Archives du Collége héraldique et historique de France*, et dont nous publions un premier inventaire analytique, ont dû être classées d'après les anciennes divisions territoriales de France.

Il s'agit aujourd'hui de la PICARDIE. Cette province qui forme maintenant le département de la *Somme*, ainsi que les arrondissements de Saint-Quentin et de Vervins (*Aisne*), et ceux de Boulogne et de Montreuil (*Pas-de-Calais*), comprenait autrefois douze pays particuliers. Nous avons donc adopté ce classement d'abord et l'ordre chronologique ensuite. Nous prions les amateurs de parcourir avec soin ce catalogue qui renferme des pièces d'un très-grand intérêt historique et des documents de la plus haute importance; pour

les localités particulières, pour les titres des familles
de la Picardie, la plupart de ces documents sont inap-
préciables, puisqu'ils sont *uniques*.

DIVISIONS DU CATALOGUE

DE LA PICARDIE.

CHARTES

DOCUMENTS HISTORIQUES

TITRES NOBILIAIRES, ETC.

PICARDIE.

I. GÉNÉRALITÉS, FINANCES, FAMILLES, ETC.

1. Comptes des receveurs royaux dans les prévôtés de Laon, de Saint-Quentin, de Chauny, de Péronne et de Montdidier, pour l'année 1292.

2. Long fragment d'une enquête judiciaire relative à la possession d'une seigneurie nommée le Bois d'Arion (d'Airion). Cette enquête donne des détails circonstanciés sur les familles d'Arion, de Saint-Samson et quelques autres. On lit au dos de cette pièce : *Vesci lenqueste de nostre dame dou bois d'Arion.* (*S. d.*, fin du XIIIe siècle, en français.)

3. Quittance de Jean Blonde, écuyer, d'une somme de 15 livres reçue de Jean de Lospital, clerc des arbalétriers du Roi, pour secrètes besognes à lui ordonnées par Gieffroy de Charny, étant au pays de Picardie et sur les frontières de Flandres (1352).

4. Déclaration de vente de la carrière de la Bonneville, faite de l'avis des verdier et sergents de la forêt de Meux, par Jean de Garencière, chevalier, sieur de Croissy, chambellan du Roi, maître et enquêteur de ses eaux et forêts en Picardie (5 juin 1441).

5. Charles de Rochefort, chambellan de Mgr le comte d'Étampes, certifie que Mgr de Saveuse a été payé d'une gratification que le comte d'Étampes lui a accordée pour ses services comme capitaine général de Picardie (15 novembre 1440). — *Signé* C. de Rochefort.

6. Lettres de Jean de Bourgogne, comte d'Étampes, par lesquelles il quitte Hue de Mailly des droits de quint deniers et de chambellage qu'il lui devait à cause de la terre de Boullemont. — Hue de Mailly reconnaît que le comte l'a affranchi desdits droits. (*Pièce originale signée.*) (15 mai 1447. — Deux pièces.)

7. Par-devant Jean du Borrent, lieutenant de Robert Le Fèvre, conseiller du bâtard de Bourgogne, Jean Le Lohois vend certaines terres à Laurent Le Lohois et Mathieu Du Crocq. (3 octobre 1463.)

8. Jean Bastard Fricon, écuyer d'écurie de la duchesse d'Orléans, certifie que Jehannet de Saveuses, chevalier, a envoyé de Picardie, à ladite dame, deux chevaux achetés 53 écus d'or, valant 72 livres 10 sols 6 deniers, et que ledit de Saveuses en a été remboursé. (1466.) — *Parch. signé.*

9. Contrat de mariage de Jean de Mailly et de Isabeau d'Ailly, notifié par Arthur de Longueval, chambellan du roi et bailli d'Amiens. (13 oct. 1479.)

10. Contrat de mariage de Jean de Mailly avec Isabeau d'Ailly, fille de Jean d'Ailly, vidame d'Amiens. (18 mars 1484.)

11. Contrat de mariage entre Gilles de Nollent et Jeanne de Mélicourt, fille de Guillaume du même nom. (6 janvier 1485.) — Vicomte de Châteauneuf.

12. Sentence de Messieurs des requêtes du Palais, à Paris, touchant la vente des biens de feu messire François de Crèvecœur. (26 août 1506.)

13. Donation entre vifs, par Marie de Harlin et Jean Le Scellier, son mari, à Jean Michaut et Jeanne de Harlin. (27 avril 1509.)

14. Accord et transaction entre demoiselle Jacqueline de Mont-Saint-Eloy, fille de défunt Flourens de Mont-Saint-Eloy et Jehannot de Mont-Saint-Eloy, son frère. (28 mai 1513.)

15. Procuration notariée donnée par messire Jean de Hallewin, chevalier, sieur d'Escrebecq, échanson ordinaire du roi, et dame Jeanne Monchaulx, sa femme, au sujet de l'héritage de feu messire Guy Monchaulx, oncle de ladite dame. (23 décembre 1516.)

16. Contrat de mariage de noble et puissant seigneur Nicolas d'Arses, écuyer, seigneur de Préaulx et de la Rivière-Thibouville, fils de feu monseigneur... d'Arses, chevalier, seigneur de la Bâtie, etc., avec noble damoiselle Jeanne d'Ailly, fille de François d'Ailly, vidame d'Amiens, et de dame Phi-

lippe de Crèvecœur. (Pièce de très-grande étendue.) (21 octobre 1528, à Amiens.)

17. Donation d'un fief noble en faveur de Pierre Le Couvreur, écuyer, licencié ès-lois, par damoiselle Louise d'Ainval, sa mère. (5 avril 1535.)

18. Rôle des dépenses faites pour le service du Roi, par François de Montmorency, seigneur de la Rochepot, lieutenant-général en Picardie et en Artois (1538).— *Cahier en parch. incomplet, signé.*

19. Testament de Marie de Hamalle, femme de Guichard de Cerisières, écuyer. — Curieux détails. (14 février 1544) (1545).

20. Transaction entre Gilles et François Darie, écuyers. (1558.) — *Parch.*

21. Contrat de mariage entre Jean d'Aplaincourt, fils de Jean et d'Antoinette de Hardecourt, et demoiselle Barbe d'Ognies, fille de Louis et d'Antoinette de Rasse. (6 février 1559.)

22. Constitution de rente sur l'État, faite à demoiselle Isabeau Lamy, femme d'Antoine Pingré, bourgeois d'Amiens, par les commissaires à ce députés par S. M. en la généralité de Picardie (14 février 1573).

23. Jean Jaupître, Nicolas Le Vicauslacq, députés par le roi pour lever la somme de 60,000 livres sur le pays de Picardie, confessent avoir reçu de Le Picard la somme de six vingts livres (17 février 1573).

24. Quittance de gages donnée à maître Jean Payot, trésorier de l'extraordinaire des guerres, par Valentin de Lamorlière, sieur dudit lieu, commissaire ordinaire des guerres, « pour taxation d'avoir fait partie des monstres des gens de guerre à pied estans en Picardie » (12 octobre 1573).

25. Quittance de Jean du Belloy, commissaire des guerres, d'une certaine somme à lui taxée pour avoir passé la revue de gens de guerre à pied, Français, en garnison dans les places frontières de la Picardie (1580). — *Signé.*

26. Quittance d'Antoine de Berny, receveur général de l'Union en la province de Picardie, de 4387 livres, versées par Jean Aguesseau, commis à la recette des deniers provenant de la vente du sel en Picardie, à compte des 8000 écus qu'il doit fournir pour le payement des garnisons de ladite province (1589).

27. Maître d'Alouen, conseiller du Roi, lieutenant particulier, commissaire examinateur au siége présidial d'Oisemont, informe le grand louvetier de France que Mathieu Voisin,

s^r de La Main, a obtenu du roi, le 15 octobre 1602, des lettres de provision qui le nomment à l'office de grand louvetier de la province de Picardie, et qu'il n'y a pas lieu de pourvoir à cet emploi. (25 avril 1606.)

28. Isaac Molinot, maréchal des logis de l'armée du Roi en Picardie, donne quittance à Raymond Phelippeaux, sieur d'Hubault, trésorier de l'épargne, de la somme de 675 livres à lui donnée pour frais de voyage d'Amiens à Bordeaux (3 novembre 1615). — *Signé.*

29. Thomas Morant, trésorier de l'épargne, donne décharge au sieur de La Bistrade, fermier des gabelles du sel de la généralité de Picardie, des recettes de ladite ferme (18 septembre 1616).

30. Quittance de rente sur les greniers à sel d'Amiens et de Saint-Quentin, par dame Anne de Vaudetar, femme de messire Charles de Fresnoy, chevalier, seigneur dudit lieu (10 décembre 1618).

31. Quittance de 3,200 livres donnée, par-devant notaires, à messire Loys Carlier, chevalier, seigneur de Manicourt, gentilhomme ordinaire de la chambre du roi, par son neveu Philippe Daneux, écuyer. (Août 1619.)

32. Déclaration passée par dame Louise Perrin, veuve de messire Guillaume Parfait, constatant qu'il ne lui appartient rien de la rente de 93 livres 15 sous tournois constituée par Henri de Conflans et dame Charlotte Pinart, son épouse; et que cette rente appartient à demoiselle Claude d'Herbin, veuve de Charles d'Allier, et aux enfants mineurs dudit défunt, par moitié. (18 mai 1626.) (Copie.)

33. Contrat de mariage entre Jehan Darie, escuyer, seigneur de Hardiviller, et D^{lle} Jehanne Gœulluy, fille de Pierre Gœulluy, escuyer, seigneur de Mauriances, et de damoiselle Marie d'Inval. — Témoins : Ferric de Rouvroy, chevalier, seigneur de Puits-la-Malle et autres lieux; Antoine Darie, escuyer, seigneur de Saucourt; François de Bourson, escuyer, sieur de Coursolles; Charles de Vendeuil, escuyer, sieur de Condé; François Piquart, sieur de Vobrecourt, escuyer, trésorier des finances; Jehan d'Inval, sieur de Mauraix, capitaine et grand bailli des châteaux de Villers, etc.; Adrienne Sesseval, femme de François Gœulluy; Jehan Testu, escuyer, sieur de Lille. (30 août 1633.)

34. Contrat de mariage de Jean d'Ipre, sieur de Fluy, lieutenant, fils de Jacques et de Suzanne Gargan, assisté de Philippe de Maintenant, sieur de Lévremont, et de Jean de Bauval, sieur de Baconez; avec Joachime de la Rue, fille de

Charles, sieur de Quercanville, et de Marie de Fours. (12 février 1634.)

35. François Prévot de Guibarville-Glimont constitue à Madeleine de la Forge, veuve de François Baudrelot, vingt livres de rente. (15 mars 1635.)

36. Contrat de vente au profit d'Étienne Imbert, écuyer, sieur de Lespienne, par Antoine Desprez, écuyer, sieur de Laignicourt, fondé de procuration de Charles de Moncheaux, écuyer. (24 novembre 1638.)

37. Transaction entre Jean Darie de Hardiviller et plusieurs membres de la famille, et François de Bourson, escuyer, héritier de feu Françoise Darie. (16 février 1641.)

38. Lettre de Jacques de Chaulnes, intendant de justice dans les provinces et armées de Picardie, Flandre et Artois, relative aux fiefs de Monthulin et de Menneville, appartenant à Louis de Mailly. Pièce fort intéressante, signée par J. de Chaulnes (13 mai 1646).

39. Dette due par Jeanne de Mouchy, femme de Louis de Mailly, demeurant près Montdidier, à Claude Le Febvre, procureur au Parlement, se montant à 22,000 livres tournois. Témoins : Antoine Floquemant et Odet de Rocquencourt. (20 mars 1654.)

40. Quittance de François de Machault de Romaincourt, président des trésoriers de France en Picardie, pour 50 livres, quartier échu (7 janvier 1655).

41. Mention du contrat de mariage de René de Mailly, marquis de Mailly, Nesle, et Marguerite de La Valle, — et Jean de Mailly, baron de Toutencourt, et Marguerite de Mouchy, — ayant trait au mariage arrêté entre Jean de Mailly et Charlotte de Montebenne, à Amiens. (1660.)

42. Ratification de messire Edme-Loup de Beaujeu, chevalier, seigneur d'Armancourt, touchant la vente de la moitié du fief de Blavet et les arrérages de 187 livres 10 sols de rente. (10 juin 1664.)

43. Jugement de maintenue de noblesse rendu en faveur de Antoine Darie, sieur d'Hardivillier, écuyer. (22 août 1672.)

44. Lettres royaux portant provision et charge de gouverneur de Picardie, pour le duc d'Elbeuf. (Saint-Germain-en-Laye, 1677.) — *Signé* Louis.

45. René de Fontaines, chevalier, seigneur de Chaignolles, et Jean Gorguesse, écuyer, sieur du Cloistre et d'Heilly, reçoivent du garde du trésor royal le remboursement de deux rentes. (Deux pièces.) (4 décembre 1681.)

46. Acte notarié d'amortissement d'une rente sur l'hôtel de
ville de Paris, au profit de Françoise Jourdain, veuve de
Pierre de Chastillon, écuyer, intendant des fortifications de
Picardie (1684). — *Parch.*

47. Donation par haute et puissante dame Étiennette-Louise
d'Hallancourt, veuve de haut et puissant seigneur monseigneur Etienne, comte de Grasse, chevalier, à leur fils François, marquis de Grasse, chevalier de Saint-Louis. (22 juin
1750.)

48. Par-devant le notaire de la ville d'Amiens : Extrait du
contrat de mariage de Mr Louis-Léon Langlois de Septen-
ville, chevalier, seigneur de Courcelles et autres lieux, ancien mousquetaire de la garde du roi, avec Marie-Alexan-
drine Gorin de Trouville. (29 mars 1783.)

II. AMIÉNOIS.

49. Le maire, les jurés et toute la commune de Vailly s'obligent à payer aux religieux de l'abbaye de Saint-Pierre de
Corbie une redevance annuelle de 40 livres parisis, à cause
de la permission que la commune a obtenue desdits religieux de construire un pont à Vailly pour remplacer le bac
qui y existait auparavant. (Avril 1234. En latin.)

Corbie, célèbre abbaye de Bénédictins, fondée en 66o par la reine Ba-
thilde, à quatre lieues d'Amiens, avait une magnifique église qui subsiste encore en partie.

50. Pierre de Lausières donne quittance à Jean de Loris, chapelain du comte de Blois, de 26 livres parisis dus à l'évêque
d'Amiens « pour le luminaire. » (Août 1328.)

51. Les chanoines de Saint-Pierre-aux-Images font savoir
qu'ils ont cédé à Lowiat, un des tenanciers du chapitre, leur
maxon (maison) « ki ciet an Heubecort, ke fut Enrrion qui
traioit lou miels. » Cette cession est faite moyennant certaines redevances énumérées dans la charte (1335). (En français.)

Heubecourt est un village du département de la Somme, à 9 kil. d'Amiens.
Cette pièce, rédigé en style plus grossier que les autres documents du
même temps et du même pays, est très-curieuse pour l'étude du patois picard.

52. Gilles Malaisieu, commis de la gabelle, reçoit de Jean
Plantehaie, grenetier d'Amiens, deux francs d'or « pour aidier à payer le mire qui l'a en cure des navreures qui na-
gaires lui ont esté faites de nuit, au dehors d'Amiens, par
aucuns faulx marchands qui menoient sel contre les ordonnances du roi. » (12 novembre 1385).

53. Jean Maréchal, lieutenant de Renier le Coutelier, vicomte
d'Amiens', fait savoir à Guillaume du Chesne, sergent des
bois en ladite vicomté qu'il ait à livrer une certaine quantité de bois appartenant à Jean Martel, à Pierre Montpic et
à Guillaume Bujaux au prix de 7 livres tournois (20 avril
1387).

54. Compte de ce que la ville d'Amiens tient à ferme perpétuelle du Roi. Il est fait mention dans cette pièce de Henri
Le Carbonier, maire et échevin, de Marie d'Esneval, de Jean
de Saint-Fuscien, de Fremin Grumaut, mari de Jeanne des
Rabussins (18 février 1436).

55. Jean de Brimeu, seigneur d'Himbercourt, bailli d'A-
miens, chambellan du duc de Bourgogne, raconte une ex-
pédition qu'il fit contre Guillebin de Croix, écuyer, et
60 hommes d'armes, qui dévastaient le pays. Pièce fort curieuse (Amiens, 12 mai 1436).

56. Compte rendu par les maieur et échevins d'Amiens, dans
lequel sont articulés : une preuve généalogique pour la
maison d'Amerval et trois degrés pour celles de Saint-Fuscien et de Rabuisson (16 décembre 1436).

57. Jean de Saint-Fuscien le jeune, garde de la Prévôté d'A-
miens, certifie que Colart le Pottier, sergent à verge, a été
payé de ses gages pour certains offices y spécifiés (1er février 1445).

Titre avec sceau bien conservé.

58. Rôle des amendes et droits seigneuriaux du bailliage d'A-
miens. — Jean Bourquely. — Jean de Fléchin-Doullent. —
De Raisse. — De la Forge, etc. (Juin 1445.)

59. Rôle des amendes dues au roi et au duc de Bourgogne au
siége du bailliage d'Amiens (8 octobre 1446).

60. État de condamnations et amendes prononcées contre diverses personnes, y dénommées, dans le bailliage d'Amiens
(10 janvier 1451).

61. Rôle des reliefs, cambrelaiges, ventes de fiefs et autres
droits seigneuriaulx, échus pendant un an, au comte d'E-
tampes, seigneur de Dourdan, pour sa seigneurie du Rosoy ; certifié par Henri de Chevigny, écuyer, bailli dudit
Rosoy (1456) (*Parch. — Signé*).

62. Sentence rendue par Mahieu Du Marés, écuyer, prévôt de
Beauquesne, par laquelle il condamne Enguerrand de Sali-
ves et Jeanne Le Merchier, sa femme, à payer à Jean du
Crocq, une certaine rente constituée par acte passé à l'éche-
vinage de Saint-Florisse, ainsi que les arrérages et les dé-
pens de l'instance (1460).

63. Guillaume de Clugny, protonotaire de notre Saint-Père le Pape, archidiacre d'Avalon, garde des deniers de l'épargne du comte de Charolais, donne quittance à Gilles de Laon, grenetier d'Amiens, des deniers de sa recette, que le comte de Charolais veut appliquer à son épargne. — (*Sign.* 25 juillet 1466).

64. Jean de la Vieuville, chevalier, conseiller et chambellan du duc de Bourgogne, bailli de Saint-Quentin, mande qu'il sera payé la somme de 42 sols tournois à Mathieu Descouchy, chargé d'une information en la ville d'Estouilly (27 octobre 1469).

Avec la quittance dudit procureur du roi.

65. Enquête faite à Amiens par Arthur de Longueval, bailli de cette ville, Jehan Harle, substitut du procureur du roi et autres relativement aux récompenses et châtiments à prononcer sur le fait de la rébellion de Charles de Bourgogne. Sont cités : Pierre Canache, Jean Cauchon, Jean Malot, Jean Becquet (4 octobre 1474).

66. Pactes de mariage entre Coppinet Desprez et Antoinette d'Auteville, fille de feu Robert d'Auteville, habitants de la prévôté de Beauquesne en la baillie d'Amiens (4 février 1474) (1475).

67. Conventions matrimoniales passées au bailliage d'Amiens et prévôté de Beauquesne, entre Coppinet Desprez et Antoinette d'Auteville, fille de feu Robert d'Auteville (4 février 1474) (1475).

68. Sentence de Mahieu du Marés, lieutenant de prévôt de Beauquesne, qui adjuge à Guérard Asset, comme dernier et plus offrant enchérisseur, des terres et seigneuries saisies par décret sur Louis de Burbures, fils et héritier de Jean de Burbures (1482).

69. Acte de vente de certains héritages, sis près d'Amiens, par Jeanne Haste, au profit de Salomon Haudicquel (1499). (*Parch.*)

70. Reconnaissance donnée à Robert de Sarcus, écuyer, seigneur de Fontaines, par Claude et Adrien de Pisseleu, contenant affectation et hypothèque d'une rente sur la terre et seigneurie de Heilly (2 septembre 1534).

71. Sentence du Châtelet de Paris rendue au profit de Nicolas de Herbelot, maître des comptes, contre François d'Ailly, chevalier, vidame d'Amiens, au sujet d'une rente foncière ayant appartenu précédemment aux familles de Mailly et de Rabodange (21 juin 1550).

72. Contrat d'acquisition des fiefs et dîmes de Moyenville fait
par monsieur des Frulas à monsieur de Pontgibuille, et
mouvant de la baronnie de Bienfay (1578).

Parchemin en mauvais état.

73. Catherine Granthomme, veuve, demeurant à Amiens, reçoit de noble homme Gaston Mydorge, conseiller du roi,
trésorier général de l'artillerie, certaine somme pour avoir
été jusqu'à Roye, avec son chariot et ses cinq chevaux, cher-
cher certains engins de guerre que le maire et les échevins d'Abbeville ont prêtés au roi pour employer à la réduc-
tion de la ville de La Fère, et en outre pour avoir travaillé
avec lesdits cinq chevaux, dans la ville d'Amiens, à rouler
six canons depuis le magasin jusqu'au lieu dit le *cay* (*sic*).
(15 décembre 1581.)

74. Bernard de Vienne, seigneur du Mat, commissaire ordinaire de l'artillerie, donne quittance à Gaston Mydorge, trésorier général, de 33 écus un tiers à lui ordonnés pour le
mois d'août 1597 « durant lequel il a servi de son estat à
l'exécution des pièces d'artillerie devant la ville d'Amiens. »
(25 septembre 1597, au camp d'Amiens.) — *Pièce signée.*

75. Mandement de Charles de Lorraine, duc de Mayenne,
lieutenant-général de l'Etat et couronne de France, à Martin Rolland, trésorier de l'épargne, de payer à François
Roze, doyen d'Amiens, la somme de 238 écus sol, à lui due
de reste de plus grande somme par lui avancée au voyage
qu'il fit à Paris en 1589, comme député du clergé d'Amiens
pour les affaires de cette *sainte cause* (1592).

76. Extraits du trésor des Chartes du chapitre de l'église de
Notre-Dame de Longpré, relatifs aux priviléges de ce chapitre (1400, 1451, 1596) (3 *pièces, datées pour extrait,*
1737).

77. Montre et revue de 50 hommes de guerre à cheval, armés
à la légère, commandés par Jean de Pouilly ; passée à
Amiens (8 juillet 1596) (*Or. ; parch.*).

78. Montre et revue faite au champ de Flamicourt en la ville
d'Amiens, le 16 mars 1598, des hommes d'armes de la garnison commandés par Gérard de Pussay, capitaine (1598).

79. Saisine au profit de François Le Bel, écuyer, sieur de
Cauchy, pour dix journaux de terre à Audinville, tenus de
la commanderie d'Oisemont (22 juillet 1598).

80. Rôle de la montre et revue faite en la place de la ville de
Corbie, le 14 janvier 1600, d'une compagnie de 40 hommes
de guerre français du régiment de Picardie. César de Pussay, capitaine ; Jacques de Pussay, lieutenant, et François

de Villers Saint-Pol, enseigne. Quittance de la solde de cette compagnie, signée par César de Pussay, Léonard de Tormon et Jehan le Roux, commissaires ordinaires des guerres (14 janvier 1600).

81. Quittance de François de l'Ile, sieur de Tréguel, capitaine, bailli et gouverneur d'Amiens, d'une somme de vingt-un écus, 46 sous, six deniers pour arrérages (30 août 1600). — *Signé.*

82. Aveu et dénombrement, rendus à l'abbaye de Corbie, par Philippe Prevost, écuyer, sieur de Ribauville (1614). — *Parch.*

83. Quittance de rente constituée, donnée par noble homme Jean de Maupin, sieur de Bellencourt, comme tuteur de Jean de Sacquespée, neveu et donataire de feu Pierre de Sacquespée, écuyer, sieur de Selincourt (13 avril 1617).

84. Rôle de la montre et revue faite en une place de la ville de Doullens, de la compagnie de Charles de Bourc, sieur de Porcheux, capitaine au régiment de Navarre, infanterie (5 novembre 1623).

85. Transaction entre messire Louis de Pisseleu, chevalier, seigneur de Heilly, et damoiselle Louise de Gourlay, damoiselle d'Agincourt, portant constitution d'une rente au profit de Jean de Ribaucourt (15 juillet 1631).

86. Quittance d'Élisabeth Huguet, veuve de Nicolas Gaultier, conseiller du roi, président et trésorier général de France à Amiens, d'un quartier de rente sur les aides (1634). — *Signé.*

87. Quittance de Marie de Lan, veuve de Richard Roussel, conseiller du roi, et receveur général à Amiens, d'un quartier de rente constituée sur la recette générale de Picardie (1634). — *Signé.*

88. Reconnaissance de la somme de 2,965 livres par messire Louis de Pisseleu, chevalier, seigneur de Heilly, capitaine d'une compagnie de chevau-légers à Corbie, à Pierre de Poullain, écuyer, sieur de la Follye (14 août 1635). — *Acte notarié.*

89. Mandement de Pierre Lermynyer, sieur de Thiboutot, lieutenant criminel au bailliage et siége présidial d'Amiens, à Louis Langlois, receveur du domaine, de payer à Cyprien Lebert, exécuteur de la haute justice dudit Amiens, 10 livres pour avoir roué vif François Roger, 6 livres pour avoir transporté le corps dudit Roger sur le grand chemin et l'avoir mis sur une roue, et 40 sols pour les cordages, l'échelle et d'autres ustensiles; avec la quittance au dos dudit Lebert, et sa marque autographe (1639).

90. Procuration de Pierre de Martiny de Corneillon, lieutenant à Amiens, à Pierre Du Flos, pour toucher 1,500 livres des mains de messire de la Bazinière (14 mars 1641).

91. État de la recette et dépense fait par messire Louis Langlois, receveur du domaine du roi au bailliage d'Amiens en 1643 (Arrêté en 1648).

Important cahier in-folio de 28 pages.

92. Quittance de Léonor de Lamet, chevalier, sieur de Conteville et de Geneviève de Marle, sa femme, d'une certaine somme revenant à feu Claude de Marle, père de Geneviève, pour une augmentation de gages de son office de receveur des tailles à Amiens (1645). *Parch. — Signé.*

93. Quittance de Henri Jeannot, sieur de Francheville, de 300 livres pour les frais d'un voyage de Saint-Germain-en-Laye à Amiens, pour le service du roi (1649). — *Signé.*

94. Robert Estienne, commissaire ordinaire des guerres, donne quittance à messire Nicolas Jeannin, conseiller du roi et trésorier de son épargne, d'une somme de trois cents livres pour les frais d'un voyage fait pour le service du roi, d'Amiens à Saint-Germain-en-Laye (27 janvier 1649).

95. Contrat de vente faite par licitation entre les héritiers de feu damoiselle Jacqueline de Louvencourt au profit d'Adrien Piquet, écuyer, conseiller du roi, lieutenant particulier au siége présidial d'Amiens, l'un d'eux (4 juillet 1656).

96. Arrêt du Conseil d'État, qui ordonne qu'une somme de 12,400 livres sera levée sur l'élection d'Amiens, pour indemniser Charles Moreau, sieur de Sarton, capitaine au régiment d'infanterie du duc de Chaulnes, de la démolition d'une maison sise à Doullens et appartenant à son père, Jean Moreau, grenetier audit Doullens.—Lettres du roi à ce sujet et ordonnance des trésoriers généraux en Picardie (1660 et 1661).

97. Quittance de Charles de Vitry, receveur des tailles à Amiens, à André Le Scellier, receveur des tailles, pour deux mille cent livres, quatre sous, sept deniers (12 octobre 1661).

98. Quittance portant vente des terres et seigneuries d'Heilly, Ribemont, Bernalieu et La Mothe, saisies à la requête de messire Pierre Hurault, chevalier, marquis de Bussy, et dame Anne de Pisseleu, son épouse, sur messire Louis de Pisseleu, seigneur desdits lieux (11 octobre 1663).

Pièce incomplète.

99. François Le Prévôt, sieur de Guiberville et de Ribauville, héritier de Philippe, son père (bailliage d'Amiens), consti-

tue vingt-cinq livres de rente à Marie Doresmieux, jadis constituées par son père, laquelle Marie est veuve de Sébastien de la Planche, lieutenant à Royal-Navarre (4 septembre 1666).

100. Acte de vente d'une rente sur l'hôtel de ville de Paris, par Renée Chippard, veuve de Pierre Moysant, conseiller du roi, receveur à Pontoise, au profit de Jean Carpentier, sieur de Juvigny, receveur des tailles à Doullens (*Sans date. Vers 1669*). — *Parch.*

101. Charlotte Delarue, veuve Antoine de Saint-Suplis, seigneur de Vateblery, grand'mère et tutrice de Françoise Le Prevôt d'Eglimont (10 juillet 1687).

102. Rôle de la montre et revue faite dans la ville de Doullens, de la compagnie de la Bertoche, commandée par Maurice de Mollemont, lieutenant au régiment de cavalerie royal des cuirassiers (6 janvier 1697).

103. Rôle de la montre et revue faite dans la place d'armes d'Amiens de la compagnie de Chalasses, commandée par François de Saint-Cierge, lieutenant au régiment de cavalerie du prince d'Auvergne (2 février 1697).

104. Rôle de la montre et revue faite dans la place d'armes d'Amiens de la compagnie d'Isaac du Bourguet, capitaine au régiment du prince d'Auvergne, cavalerie (2 février 1697).

105. Arrêt du présidial d'Amiens entre M. Louis Marquis, procureur du roi, et Suzanne Le Prevost, sa femme, demandeurs, et le sieur Augustin Haudicquer (14 janvier 1699).

106. Arrêt et sentence homologuée entre Claude de Saisseval de Mérancourt, et Nicolas de Bressort d'Amiens (11 mars 1699).

107. Sentence de messire Eugène-Marie de Béthisy, chevalier, marquis de Mézières, bailli d'Amiens, au sujet de la succession de damoiselle Marie-Magdeleine de Villers, à son décès femme de Louis Soly, conseiller du roi, commissaire enquêteur et examinateur en la ville et bailliage d'Amiens (10 janvier 1714).

108. Gilbert Romanet, ancien échevin d'Amiens, donne procuration à J.-B. Berthe, payeur des rentes, pour toucher ce qui lui est dû (11 janvier 1724).

109. Demoiselle Antoinette de Cressonville, demeurant à Rhumaisnil, diocèse d'Amiens, donne procuration à Marie-Françoise de Cressonville, sa sœur, de recevoir des gardes du trésor royal la somme de 600 livres pour deux années de la pension accordée par le roi à leur frère défunt, major de la ville de Landrecy (20 novembre 1729).

110. Dame Angélique de Fay, épouse de messire Louis-Michel
Heureux de Broye, chevalier, seigneur de Bernes, héritière
de messire François de Fay, chevalier de Saint-Louis, lieutenant du roi, commandant à Amiens, donne procuration à
Pierre Sainfray, prêtre religieux célestin, pour toucher les
gages encore dus à son père ; témoins : Pierre de Vraignes,
Malquinier et Pierre Turotte, laboureur. Signature du notaire légalisée par François de Paule-Florimond Eudel,
conseiller du roi, président, lieutenant général du bailliage
de Péronne (29 septembre 1734).

111. Acte de ratification de payement de rente en faveur des
pauvres de la ville d'Amiens, par Alexandre Dufrêne, seigneur
de Lamotte en Santerre, et sa sœur, héritiers de Jean-Joseph
Dufrêne, curé de Saint-Michel en ladite ville (12 juin 1742).

112. Extrait mortuaire de M. Antoine Devaux, écuyer, chevalier de Saint-Louis, capitaine des grenadiers au régiment
de la Marche, décédé à Corbie, le 4 janvier 1742.

— Acte de notoriété concernant ledit Antoine Devaux (1er février 1743).

— Les héritiers d'Antoine Devaux donnent procuration à
François Ballin, bourgeois de Paris, de recevoir du garde
du trésor royal 337 livres 15 sous 6 deniers, somme due
pour la pension du défunt (8 février 1743).

113. Requête au roi par Marie-Claire Perdu de La Motte et
Antoinette Marguerite Perdu, pour 40 livres de rente via-
gère au profit de François-Guillaume Perdu, sieur de La
Motte, président au bureau d'Amiens (8 mars 1746).

114. Congé-défaut au sieur Jean-Charles Roger, ingénieur de
la ville d'Amiens, contre Françoise-Eléonore de Sarcus
(28 avril 1760).

115. Par-devant Lemire, notaire à Paris, obligation souscrite
par messire Luc-Paul-Jérôme Thierry, chevalier, sieur de
Noicorps, demeurant au château de Castel, près d'Amiens,
au profit de Louis-Samson Gomel, avocat en Parlement et
procureur au Châtelet de Paris (10 février 1785).

III. PÉRONNE, ROYE ET MONTDIDIER.

PÉRONNE.

116. Le roi saint Louis approuve et confirme l'échange fait
entre l'abbesse et le couvent de *Biarth* près Péronne, et Jean
dit Rondiaus, d'une maison située à *Canteraine*, contre
divers autres héritages (Juin 1248, à Pontoise, en latin).
Très-belle charte bien conservée.

117. Charte du roi saint Louis, confirmant une vente et une donation de biens faites au monastère de Biache, ordre de Cîteaux, diocèse de Noyon, par Pierre de Caisne (Petrus dictus Quercus), chanoine de Noyon, suivant un acte du mois de juillet 1250, reproduit dans la charte de confirmation. Les biens vendus et les biens donnés sont situés sur le chemin qui va de Péronne à Barleux, à Bayencourt, à Etrépigneul (septembre 1256, à Péronne, en latin).

118. Eustache de Hiencourt déclare renoncer aux redevances qui lui appartenaient sur la terre du Martaroi, acquise par l'abbesse et le couvent de *Biarch* (Biache) de Rauol de Vieulaines, chevalier, et s'oblige à payer à Ade, femme de Jean de *Martimpuch*, une rente assise sur ladite terre (juillet 1265, en français).

Biache, abbaye de filles de l'ordre de Cîteaux, à une lieue de Péronne.

119. Commandement fait à messires Gilles de Nédonchel, Jean de Belleforrière, Orble de Reucourt et autres y dénommés, d'envoyer le dénombrement des fiefs qu'ils possédaient à M. le prévôt de Péronne (12 avril 1383).

120. Philippe, duc de Bourgogne, fait don à Oudart Chuperel, lieutenant général du gouverneur de Péronne, Montdidier et Roye, et grenetier du grenier à sel de Péronne, d'une somme de 100 livres tournois pour ses bons services (6 janvier 1431).

121. Baudouin de Noyelles, chevalier, seigneur de Hangest, etc., bailli de Péronne, Montdidier et Roye, pour le duc de Bourgogne, atteste que Simon Le Pescheur, receveur de Péronne, a été envoyé à Laon, devers le doyen de Paris et le conseil du roi (10 avril 1436).

122. État des revenus du duc de Bourgogne dans les villes, prévôtés et châtellenies de Péronne, Montdidier et Roye, dressé par Tassart de Herleville, lieutenant audit bailliage (décembre 1437).

123. Charles de Rochefort, chambellan de Mgr le comte d'Étampes, certifie que Mahieu Desprez, conseiller dudit seigneur, et son receveur général à Péronne, Montdidier et Roye, a fait payer à Jean Pouletel, dit le Barbe, « Hoste du Noir Lion, de Péronne », 19 livres 4 sols, de quarante gros la livre, monnaie de Flandre, montant de la dépense faite en son hôtel pour les chevaux de quarante archers du comte d'Estampes, savoir les deux Pieros (*sic*) de Fontaines, Perruto des Oiseaulx, et Estragard, à raison de 3 sols par jour pour la dépense de chaque cheval (23 avril 1440). — *Signé* C. de Rochefort.

124. Fourcy de Soubette, garde de par le roi du scel de la baillie du Vermandois, fait savoir que par lettres de Jehan de Bourgogne, comte d'Estampes, seigneur de Dourdan, etc., Philibert de Jaucourt son conseiller et chambellan a été nommé châtelain et garde du château de Péronne en remplacement de messire Germain Quieret (3 décembre 1446).

125. Vente de fiefs au profit du comte d'Estampes en la ville de Péronne. Dans cette pièce il est fait mention de Philippe de Rencourt, des familles de Braveque, Harvilly, etc. — (Sceau.) (16 novembre 1447).

126. Mandement de Charles de Bourgogne, comte de Charolais, aux gens de ses comptes, d'allouer, dans les comptes de son trésorier, certaines sommes payées à Pierre de Hacquembach, capitaine du château de Péronne, et aux gens d'armes de la garnison (1466). (*Parch.*)

127. Transaction entre Jean de Balenes, Jacqueline de Chaumont, sa femme, et Jean de Lenharre, sur la pêcherie de Lenharre, par devant Louis Le Court, à Péronne (12 octobre 1519).

128. Lettres de Henri IV, qui donne au sieur de Bétancourt les biens confisqués sur N... Filliastre, fille de Domengi Filliastre, prêtre, à cause de sa bâtardise (1595). (*Parch.* — *Signé* HENRI.)

129. Quittance de rente constituée sur le clergé, donnée au receveur de la ville de Paris, par maître Jean Bosquillon, lieutenant particulier au bailliage de Péronne, Montdidier et Roye (18 août 1600).

130. Quittance de Quentin Pylon, contrôleur du prévôt des marchands d'Amiens, à Jean Cheron, trésorier, pour 30 livres, pour taxation des gens de pied du régiment de Piémont, à Péronne (mardi 13 oct. 1605).

131. Quittance de Jeanne Heudre, veuve de Jean Mansard, notaire au gouvernement de Péronne et lieutenant à Ancre, au nom de Jeanne Mansard, sa fille, veuve de Barthélemy Carteret, bourgeois de Paris, d'un quartier de rente sur l'hôtel de ville de Paris (1623). — *Signé.*

132. Jean de Carbonnière, sieur d'Orgon, aide des camps et armées du roi, donne quittance au trésorier de l'Epargne de la somme de 350 livres à lui ordonnée pour un voyage de Péronne à Saint-Germain fait en poste et pour affaires concernant le service de S. M. (17 février 1649).

133. Louis de Segonçac, chevalier, sieur dudit lieu, donne quittance au trésorier de l'Epargne de la somme de trois cents livres tournois pour frais d'un voyage fait en poste de

Saint-Germain à Péronne, pour affaires concernant le service de S. M. (26 février 1649).

134. Quittance de Antoine le Vasseur, sieur des Marchais, à Nicolas Jeannin de Castille, pour 100 livres en louis d'or, pour voyages de service à Péronne en poste (28 juin 1649).

135. Rôle de la montre et revue faite dans la place d'armes de la ville de Péronne, de la compagnie d'Anceau, commandée par Jean-Baptiste d'Aigneaux, lieutenant de ladite compagnie, du régiment Dauphin-Etranger, cavalerie (16 janvier 1697).

136. Philippe d'Orléans, petit-fils de France, duc d'Orléans, de Valois, de Chartres et de Nemours, nomme François de Beaumont aux fonctions de « garde ordinaire en la forêt de Retz en la garde du buisson de Borny, » office vacant par la mort du sieur Jacques Langeat (14 février 1702). — *Or. Signé* Philippe Dorléans (*sic*).

ROYE.

137. Reliefs, chambrelages et ventes de fiefs au siége du bailliage de Roye, dont l'état est certifié par Tassart de Herleville, lieutenant du gouverneur de Péronne, Montdidier et Roye, et scellé de son sceau chevronné de 4 pièces au franc canton d'hermines (12 novembre 1446).

138. Reconnaissance au profit de noble homme Jean Berthin, procureur et notaire royal à Roye, comme étant aux lieu et droit de Nicolas de Prochon, écuyer, seigneur de Fontaine et de damoiselle Anne de Fescamp, sa femme (8 août 1607).

139. Rôle de la montre et revue faites dans la place d'armes de Roye, de la compagnie mestre-de-camp du régiment de cavalerie Dauphin-Étranger, commandée par Guillaume de Granhan (27 février 1697).

140. Charles Salomon, marquis de Moüi, de Sons, de Tailly, Sandière et Douilly, résidant à *Saint-Micelle*, en Lorraine, héritier de son oncle de Sons de Montfaucelle, y résidant en Champagne, vend à Adrien Charpentier de Vaux et de Beauvillé la moitié des terres qui appartenaient audit de Sons près Ham (détaillées) (31 mai 1732).

141. Louis Pierre Jobart de Beauvais, substitut du procureur du roi au bailliage de Roye, donne main-levée de l'opposition faite à sa requête entre les mains des payeurs des rentes de l'hôtel de ville de Paris, sur Claude-Jean-Baptiste Gaullière, conseiller du roi, président, lieutenant général au bailliage de Roye, et la dame son épouse (22 novembre 1764). — Acte notarié, copie.

MONTDIDIER.

142. État des droits de vente et *chambrelage* des fiefs du bailliage de Montdidier en 1346 (4 janvier 1347).

Beaucoup de noms nobles.

143. Charles de Rochefort, conseiller et chambellan du comte d'Étampes, certifie que Guillaume Rat, receveur général des finances dudit seigneur, a fait payer une certaine somme à Drieu Gonse, pour prix d'un cheval pour se rendre à Montdidier (18 mars 1441).

144. État des « reliefs, chambrelages et ventes de fiefs venus et échus au siége et auditoire du bailliage de Montdidier, depuis la Saint-Remi 1445 jusqu'à la Saint-Remi 1446. » (Beaucoup de noms de familles et de fiefs nobles.)

145. Lettres de Jean, duc de Bourgogne, portant remise en faveur de Renaud de Longueval, seigneur de Chenelles, chevalier, des droits seigneuriaux dus au prince en raison du transport de la terre de Mesnillet, mouvante de Montdidier (8 décembre 1455).

146. Renaud de Longueval, seigneur de Chenelles, chevalier, donne quittance de la remise de certains droits seigneuriaux à lui faite par le duc de Bourgogne, pour la terre de Mesnillet, mouvante de Montdidier (16 mars 1456).

Sceau.

147. Lettres de Louis, roi de France, au prévôt de Montdidier, en faveur du chambellan Jean d'Aunoy, dit Le Galois, seigneur d'Orville et de Paillart, pour droit de haute justice sur ladite terre de Paillart, les terres de Tartigny, Batonel, Virigneu (7 mars 1477).

148. Cinq pièces des années 1532, 1533 et 1542, relatives à un procès par-devant le juge et garde de la prévôté de Montdidier, entre messire Antoine de Hallewin, chevalier, seigneur de Piennes, et dame Louise de Crèvecœur, sa femme, d'une part, et messire Antoine d'Ailly, chevalier, vidame d'Amiens, baron de Picquigny, chambellan ordinaire du roi, d'autre part. 1532-1542.

149. Vente d'un moulin à vent, situé dans la seigneurie de Dompierre, faite par Antoine Bosquillon, bourgeois et échevin de Montdidier, à Jean Dauchet, seigneur de Dompierre, homme d'armes des ordonnances du roi en la compagnie de M. le dauphin, demeurant audit lieu de Dompierre (19 décembre 1555).

150. Montre et revue à Montdidier de 40 hommes d'armes et 60 archers, par Nicolas de Sourlay, sieur de Millemele, commissaire, sous la charge de Charles de Moy (12 février 1556).

151. Acte notarié d'une constitution de rente perpétuelle à Louis de Broully, chevalier, par Jacques de Belloy, chevalier; passé à Montdidier, le 24 sept. 1592. (2 *ff. parch.*)

152. Transport d'acquisition de 59 livres 9 sous de rente au principal de 962 livres 2 sols, de messire Isaac de Lancry; chevalier, seigneur de Bains, prévôté de Montdidier, à Mr Etienne Brisard, ci-devant officier de Son Altesse Royale, demeurant à Paris. Acte notarié. (4 septembre 1655.)

153. Provisions de l'office de président de l'élection de Montdidier en faveur de maître Claude le Caron, conseiller au bailliage de ladite ville. (17 décembre 1663.)

Copie collationnée en forme.

154. Contrat par lequel messire Antoine de Brouilly, chevalier seigneur d'Herleville, capitaine d'une compagnie au régiment des gardes du Roi, vend à messire Charles Coquart de Lamothe, chanoine et archidiacre de l'église de Paris, 1400 livres tournois de rente sur les tailles, constituées d'abord à Jacques Paget, receveur des tailles à Montdidier. (3 avril 1671.)

155. Rôle de la montre et revue faite dans la place d'armes de Montdidier de la compagnie de Jacques de La Combe, capitaine au régiment de cavalerie Dauphin-Etranger. (12 février 1697.)

156. Rôle de la montre et revue faite dans la place d'armes de Montdidier de la compagnie de Louis Camin, capitaine au régiment de cavalerie Dauphin-Etranger. (12 février 1697.)

157. Acte de vente de la terre et seigneurie de Saint-Martin, au bailliage de Montdidier, par Anne-Marie de Festart de Brancourt, veuve de Estienne-Claude de Laubespine, chevalier, comte de Verderonne, au profit de Vincent Pingré, écuyer, seigneur de Sourdon, cons. secrét. du Roi. (1699.) (*Parch.*)

158. Aveu et dénombrement rendus par Suzanne Lempereur, veuve de Louis de Billy, officier de la Dauphine, demeurant à Montdidier, à Florimond de Cambray, chevalier, seigneur du Plessier. (1731.) (*Parch. signé.*)

IV. VERMANDOIS.

159. Charte d'Anisius, doyen du chapitre de Saint-Quentin, contenant les conditions de la cession faite par ce chapitre à Roger, à F. (*sic*) son fils et à leurs héritiers, de la terre de Gifiercort (Giffécourt), qui avait été donnée à l'église de Saint-Quentin par Boson, trésorier. Roger et son fils s'obligent à livrer annuellement au chapitre deux muids de froment, *ad panem refectorii faciendum*, et ils prennent cet engagement en présence de Mathieu, hospitalier, du maire et des échevins de Giffécourt. (1192, en latin.) (*Deux pièces.*)

Cette magnifique charte chirographaire est double, les deux parties dont la réunion formait le chirographe ayant été conservées l'une et l'autre dans les mêmes archives, circonstance qui se rencontre rarement.

160. S.. évêque de Noyon, approuve l'accord fait entre le chapitre de Saint-Quentin en Vermandois et Mathieu de Wallincourt au sujet de certaines dîmes au territoire de Pirreumont (Prémont), vendues au chapitre par ledit Thomas, du consentement de son frère *Ade* (sic), seigneur de Wallincourt, de Baudouin son autre frère et de Joie leur sœur. (Avril 1202, en latin.)

161. Dame Gille de Herbercourt, son frère Quentin de Herbercourt, et Gillon Poupart, vendent à maistre Grégoire de la Ferrière, chanoine de Saint-Quentin, certains héritages qu'ils possèdent « dessous Herbercourt, u liu que on apiele Paskeval. » (Janvier 1269, en français.)

Longue charte chirographaire, d'une belle écriture et bien conservée.

162. Gérard *li Fourbelois*, bourgeois de Saint-Quentin, et sa femme Maroie (Marie), vendent à Maistre Grégoire de la Ferrière, chanoine de l'église monseigneur saint Quentin, sept vingts (140) verges de terre situées à Soyecourt « ou lieu que on dist la Petite Flekerole. » (Novembre 1281, en français.)

Belle et curieuse charte chirographaire restée double, les deux parties n'ayant point été séparées.

163. Bulle du pape Nicolas IV mandant à l'évêque de Noyon de faire information au sujet du droit réclamé par les chanoines du chapitre de Saint-Quentin de jouir des gros fruits (*de grossis fructibus*) de leurs prébendes lorsqu'ils auront résidé au chapitre pendant un certain temps de l'année. (1er juillet 1290, à Velletri ; en latin.)

164. Déclaration faite aux échevins de Saint-Quentin, des héritages acquis par maître Werri, selon les us et les coutumes de la ville. *S. d.* (xiii⁰ siècle), en français.

Cette charte chirographaire, d'une très-nette et très-belle écriture du
xiii⁰ siècle, est d'une assez grande étendue, et contient des détails intéressants pour l'histoire locale, notamment sur le prix des immeubles à cette époque, et sur la topographie de Saint-Quentin. On y trouve les noms d'un grand
nombre d'habitants de cette ville, particulièrement de ceux qui étaient ou
avaient été échevins. Elle a, en outre, une véritable importance au point de
vue philologique. On sait combien sont rares les chartes françaises de cette
date.

165. Par-devant le maire et les échevins de Homblières, Gérard de Brenot et Jacques de Camach, pitanciers de l'abbaye
de Homblières, donnent à bail perpétuel à Pierre Quaille
une maison léguée à ce monastère par Gautier Lingnoles,
de Homblières, curé de Houdain. (Mai 1305, en français.)

Homblières, ancienne abbaye de l'ordre de Saint-Benoît, à 6 kil. de Saint-
Quentin (Aisne).

166. Arrêt du Parlement de Paris, rendu au nom de Philippe,
comte de Valois et d'Anjou, régent de France après la
mort de Charles-le-Bel, qui décide, sur la requête de l'abbé
et des religieux de Foigny, que le village de Wattignies
est situé *en France,* dans le ressort du bailliage de Vermandois, et non en Champagne, dans le ressort du bailliage de Vitry, comme le prétendait le prévôt de Sainte-
Menehould. (12 mars 1327, v. s. (1328) en latin.)

167. Procès-verbal d'information dressé par Robert Martin,
prêtre, procureur du chapitre de Saint-Quentin en Vermandois, contre Jean de Wainans, dit Arragon, chanoine
de ce chapitre, accusé de divers crimes, et notamment :
1° D'avoir fait assaillir, voler et dépouiller, dans la forêt de
Compiègne, par des malfaiteurs à ses gages, un chanoine
de Saint-Quentin nommé Yves *de Conada,* que ces malfaiteurs avaient pris pour Salomon Pêcheur, autre chanoine,
contre lequel ledit Jean de Wainans avait une vengeance à
exercer ; 2° d'avoir attiré dans sa maison, à Saint-Quentin,
et violé une fille de cette ville, Jeanne la Bidarde, qu'il a
ensuite frappée, meurtrie, et tenue longtemps en chartre
privée, puis chassée en lui reprochant un vol imaginaire.
(Mars 1368, en latin.)

Les dépositions des témoins sur ces deux principaux chefs d'accusation sont
très-circonstanciées et très-curieuses.
Pièce importante d'une grande étendue et parfaitement conservée.

168. Les gens des comptes du roi mandent au bailli de Ver-
mandois que, d'après les lettres du roi et les registres de la
Chambre des comptes, les abbés de Prémontré, de Saint-
Nicolas-au-Bois, de Nogent, de Vivans, du Mont-Saint-Mar-

tin, de Homblières, et l'abbesse d'Origny, ne sont point au
nombre des personnes qui sont tenues d'envoyer charrois,
charrettes, sommiers et chevaux au service du roy en l'armée
qu'il entend former présentement. (12 août 1388, à Paris;
en français.)

169. Guillaume de Bernaut, lieutenant du bailli de Saint-
Quentin, certifie que appointement a été fait avec Nicolas
Brunel, sergent du roi au Châtelet de Paris, pour 6291
livres constituées au profit de Guillaume Chavenin, marchand
à Paris, par ordre du duc de Bourgogne et de Brabant.
(9 sept. 1426.)

Charte scellée en cire rouge sur simple queue.

170. Par-devant Philippe Prière, écuyer, lieutenant du bailli
de Saint-Quentin, Wautier Harle, fermier du tonlieu de
cette ville, donne quittance à Adam de Gaud, lieutenant du
receveur institué par le duc de Bourgogne. (18 décembre
1436.)

Original. Sceau bien conservé.

171. Lettres de Jean Pincehaste, dit Grignart de Vendrefay,
écuyer, lieutenant du bailli de Saint-Quentin, desquelles il
appert que, dans le temps où Luc de Hennessan était pri-
sonnier et poursuivi pour cas graves, le duc de Bourgogne
fit sa première entrée dans ladite ville, depuis le traité
d'Arras, et que, par suite de sa *joyeuse entrée*, tous les prisonniers, et entre autres Luc de Hennessan, furent mis en
liberté, sans rien payer. (1450.)

172. Certificat de vente de blé, avoine, seigle, faite à Saint-
Quentin pour le roi de France et le duc de Bourgogne.
(7 mars 1451.)

173. Quittance pour la somme de 200 livres, donnée par
Guillaume de Poupet, receveur général des finances du duc
de Bourgogne, au receveur de Saint-Quentin. (13 novembre 1453.)

174. Philippe Grin et Jeanne Prière, sa femme, reconnaissent
avoir reçu, du roi et du duc de Bourgogne, la somme de
29 livres parisis qui leur était due pour leur fief, qu'ils
tiennent en hommage du roi à cause de sa châtellenie de
Ribemont. (22 juillet 1458.)

175. Vidimus, de 1459, des lettres de Charles VII, qui nomme
Jacques Creton, élu pour le fait des aides, à Saint-Quentin.
(1458.) (*Parch.*)

176. Lettres de Philippe, duc de Bourgogne, qui fait don à
Jacques Creton, nommé élu sur le fait des aides, à Saint-
Quentin, en remplacement de Jean de Quillan, des gages

par lui indûment perçus avant son institution par le roi. (1460.) (*Parch.*)

177. Deux quittances données par Lancelot et Jean de la Viefville, comme baillis de Saint-Quentin. (1454 et 1460.) (*Jolis sceaux.*)

178. Quittance notariée de Philippe Grin, écuyer, d'une rente annuelle qu'il prenait sur les étalages, tonnelieux et mesures de grain à S.-Quentin. (1460.) (*Parch.*)

179. Philippe-le-Bon, duc de Bourgogne, considérant les services que lui a rendus Raoul de la Folie, receveur du domaine et des aides à Saint-Quentin et grenetier du grenier à sel de la même ville, lui accorde une somme annuelle de cent livres à prendre « oultre et pardessus » ses gages ordinaires qui sont de cent vingt livres par an. (17 avril 1461, à Bruges ; en français.)

180. Jean de la Viefville, chevalier, seigneur de Westrehem, chambellan du duc de Bourgogne, bailli de Saint-Quentin, Jacques Creton, écuyer, élu, et Jean Lambert, procureur du roi, certifient que P·oul de la Folie, receveur de Saint-Quentin, a fait un voya... à Paris et y a employé 35 jours, pour porter à M. de Tournay des lettres et un mémoire pour s'opposer aux empiétements des officiers du roi sur les droits du duc de Bourgogne, en ladite ville de Saint-Quentin. (1462.) (*Parch.*)

181. Lettre de Philippe, duc de Bourgogne, Brabant, Lothier, etc., qui nomme Oudart de La Porte son procureur général et celui du roi de France en la ville et bailliage de Saint-Quentin. (5 décembre 1462.)

182. Mathieu d'Escouchy, garde du sceau du bailliage de Vermandois, à Saint-Quentin, certifie que messire Robert Lion, prêtre, chapelain de la chapelle de Saint-Louis, en l'hôpital de Saint-Quentin, a donné quittance d'une redevance que lui a fait payer le duc de Bourgogne. (25 novembre 1464.)

183. Contrat de transport de seigneurie entre Simon de Bohan, seigneur dudit lieu, d'une part, et Gobert de Bohan, son frère, d'autre. (4 mai 1472.)

184. Échange d'immeubles, fait à Bouc en Vermandois, entre noble homme Gobert de Bohan, écuyer, seigneur en partie dudit Bouc, et Gérard Nepveu, demeurant au même lieu. (17 mars 1485.)

185. Montre et revue de 179 hommes de guerre à cheval, armés à la légère, sous la charge de M. de Descars, capitaine ; passée à Fontaine-Notre-Dame en Picardie, le 20 oct. 1543. (*Parch.*)

186. Jérôme Grossaine, écuyer, conseiller du roi, lieutenant
du bailli de Vermandois, donne quittance de ses gages.
(3 mai 1561.)

187. Acte de relief et serment de fidélité faits par messire
Anne de la Fontaine, seigneur de Lesche, Gaulchy, etc., à
dame Anne de la Viefville, veuve de Michel d'Omal, pour
un fief dépendant de la seigneurie de Gaulchy. Acte passé
devant le bailli de Saint-Quentin. (4 août 1598.)

188. Quittance de 21535 livr. donnée par messire René de
l'Hospital, chevalier, marquis de Choisy, et autres, au receveur des consignations des requêtes du Palais, à cause de la
vente de la seigneurie de Surfontaine faite à la requête de la
duchesse de Bouillon. (19 janv. 1638.)

189. Acte de relief des terres et seigneuries de Thorigny et
Pontruel, par Claude, duc de Saint-Simon. (1641). (*Parch.*)

190. Acte notarié d'amortissement d'une rente sur l'hôtel de
ville de Paris, au profit de François de Pradel, lieutenant-
colonel au régiment des Gardes-Françaises et gouverneur
de Saint-Quentin. (1681.) (*Parch. signé.*)

191. Nomination à la Chapelle de Sainte-Croix, fondée au
château de Ribemont pour messire Charles-Guillaume Des-
forges, diacre du diocèse de Laon, chanoine de l'église de
Reims, par la princesse de Condé et la duchesse de
Brunswick. (21 avril 1722.)

Signée de la main de ces deux princesses et scellée de leurs armes.

192. Quittance de 106 livres 5 sols pour arrérages de rente
viagère, donnée par Martin André, maître écrivain en la
ville de Saint-Quentin, à maître Jean-Louis Guérin, conseiller du roi, notaire au Châtelet de Paris. (15 avril 1738.)

193. Foi et hommage de la terre et seigneurie de Gauchy,
rendus au roi à cause de la tour du Louvre, par Nicolas-
François le Scellier, seigneur de Chezelles, conseiller au
parlement de Metz. (5 janvier 1757.)

V. THIÉRACHE.

194. Hugues, abbé d'Homblières, abandonne aux religieuses
de Montreuil-en-Thiérache la dîme qu'il percevait sur les
bestiaux que ces religieuses possédaient à Puisieux (*Puteo-
lis*), village appartenant à l'église d'Urvillers (*Ursvillare*). De
leur côté les religieuses livreront chaque année au monastère d'Homblières une livre de cire. L'abbé déclare qu'il
fait cette concession pour l'amour de Dieu et à la prière du

vénérable Bernard, abbé de Clairvaux : *et precatu venera-
bilis abbatis Clarevallis, domni scilicet Bernardi* (XIIᵉ siècle, de 1133 à 1147, en latin).

Charte chirographaire, parfaitement conservée, et à laquelle le nom de
saint Bernard donne un intérêt que nous n'avons pas besoin de signaler.

L'abbaye d'Homblières, à une lieue de Saint-Quentin, était de l'ordre de Saint-
Benoît et du diocèse de Noyon. Sa fondation remontait à une époque très-re-
culée. Elle avait été d'abord occupée par des religieuses, auxquelles des moines
bénédictins succédèrent vers le milieu du IXᵉ siècle.

Cette charte n'est point datée. Rédigée du vivant de saint Bernard, elle est
nécessairement antérieure à 1153, époque de la mort de l'illustre abbé de
Clairvaux; mais le nom de l'abbé Hugues nous donne le moyen d'en fixer la
date avec un peu plus de précision. Cet abbé a commencé à gouverner le monastère d'Homblières en 1133, et l'a quitté en 1147 pour prendre la direction
de l'abbaye de Saint-Amand (Voy. le *Gallia Christiana*, tome IX). Notre
charte se rapporte donc à l'intervalle compris entre ces deux années.

195. Nicolas, évêque de Cambrai, déclare qu'*Everardus Levis,*
son frère Héluin et leur mère avaient donné à l'abbaye
de Saint-Martin de Laon une partie du fief de *Dulcelun,*
mais que ce domaine se trouvant trop éloigné de ladite
abbaye, les religieux de Saint-Martin de Laon l'ont cédé aux
moines de Notre-Dame de Boheries, du consentement des
donateurs et avec l'approbation de Gérard de *Soguncurt,*
de qui relevait le fief. L'évêque de Cambrai confirme cet
accord parce que Gérard de Soguncurt est soumis à sa juridiction, *jure parrochiali,* lorsqu'il réside dans le Cambrésis,
quando in pago Cameracensi moram facit. Témoins : Drogo
de Leschires, Gerardus de Pusuos, Clarembaldus de Fasthi
et frater ejus Rohardus. (1150, en latin.)

Très-belle charte originale, d'une parfaite conservation.

196. Bulle du pape Alexandre III confirmant les donations
faites à l'abbaye de Boheries (*de Bocheriis*) par l'évêque de
Senlis et le chantre de Reims (s. d. d'année (1159-1181), à
Tusculum, le VI des kalendes de novembre).

Bulle originale d'une belle écriture et bien conservée.

197. Bulle du pape Lucius III confirmant une décision rendue
par les évêques de Soissons, de Laon et de Tournay, sur
une contestation survenue entre l'abbaye de Foigny et celle
de Saint-Michel en Thiérache, au sujet de la possession de
certaines forêts (XIIᵉ siècle (1181-1185), à Velletri, le 18 des
calendes de janvier; en latin).

Pièce admirablement écrite et très-bien conservée.

198. Guillaume, archevêque de Reims, cardinal du titre de
Sainte-Sabine, confirme la donation faite à l'abbaye de Boheries par Clérambaud de Maquigny, de la dîme de Jon-
queuse, avec l'assentiment de Jacques d'Avesnes, seigneur
du fief, qui, du consentement de sa femme Adelive et de ses

fils Gautier et Jacques, a renoncé à tous ses droits sur cette dîme (1188, en latin).

Très-belle charte, bien conservée.

199. Adelive (*Adeliva*) *, dame de Guise, fait savoir que, du consentement de son fils Gautier et de ses autres enfants, et pour le salut de son âme et de celle de Jacques d'Avesnes, son mari, elle a donné à l'abbaye de Montreuil 50 sols de rente, monnaie de Vermandois, à prendre sur le winage de Guise et de Lesquielle, plus 40 sols pour la réfection du couvent, et 10 sols pour être distribués aux pauvres, à la porte du monastère. Elle ajoute qu'une charte contenant toutes les aumônes qu'elle a faites est déposée dans l'église de Notre-Dame de Laon, et munie des sceaux de l'archevêque (de Reims) et des fils de la donatrice, Gautier et Jacques. Témoins : Gislebert, abbé de Foigny ; Hairic, abbé de Clairefontaine ; Dreux, abbé de Chéeri ; Guy de Vospais ; Gautier de Proisy ; Werric, sénéchal ; maître Lambert d'Avesnes ; Werric, prévôt de Luzoir (1196, en latin).

Belle charte, importante pour l'histoire de la maison d'Avesnes.

200. Adelive, dame de Guise, du consentement de son fils Gautier et de ses autres enfants, donne, pour le repos de son âme et de celle de Jacques d'Avesnes, son mari, à l'abbaye de Bohéries, une rente de 50 sous, monnaie de Vermandois, à prendre sur le vinage de Guise, plus 40 sous pour les besoins des religieux, et 20 sous à distribuer aux pauvres, à la porte du monastère, le jour de son anniversaire (1196, en latin).

Le surplus, comme dans la donation faite, la même année, par Adelive, à l'abbaye de Montreuil, et analysée ci-dessus. Les noms des témoins sont les mêmes dans les deux actes.

L'abbaye de Boheries ou Bohery, de l'ordre de Citeaux, au diocèse de Laon, avait été fondée en 1141. Elle était située sur les bords de l'Oise, à une lieue de Guise.

201. I. Jacques, seigneur de Landrecies, donne en aumône à l'abbaye de Notre-Dame de Montreuil (en Thiérache) le vinage de sa ville de Landrecies. Témoins : Godefroi de Sens, Jubert de Ribemont, Dreux de Warengi, Gérard de Saint-Amand ; Juliane, abbesse ; Marguerite, Marie, Richalde (1196).

— II. Raoul, comte de Soissons, règle comme arbitre le différend qui s'était élevé entre Jean, chapelain de la tour de Soissons, et Renaud, prêtre de Lavercines, au sujet des of-

---

* Ce document et le suivant, n° 200, permettent de rectifier le nom de la femme de Jacques d'Avesnes, désignée à tort, par plusieurs historiens de Hainaut, sous le nom d'*Ameline*. Elle était fille unique et héritière de Burchard ou Bouchard, seigneur de Guise.

frandes présentées à l'autel de la chapelle comtale de la
tour de Soissons (août 1230).

202. Gérard de Rouci, surnommé l'Enfant (*Gerardus de Roci,
cognomine Puer*), déclare renoncer, en faveur de l'abbaye de
Bucilly, à certaines coutumes et prérogatives qu'il s'attri-
buait injustement à Hermonville (*ad Hermundivillam*), notamment à l'usage de la couronne de raisins, *coronam uva-
rum*. De son côté, l'abbaye de Bucilly accorde à Gérard
l'avouerie sur les hommes qu'elle possède au-delà de l'Aisne.
Ce droit lui est concédé à certaines conditions énumérées
dans l'acte. L'accord est confirmé par Gilvide, femme de
Gérard, et par ses fils (xii® siècle, en latin).

Bucilly, abbaye de l'ordre de Prémontré, au diocèse de Laon, dans l'ancienne
Thiérache, aujourd'hui commune du département de l'Aisne, à 9 kilom.
d'Aubenton.

Charte chirographaire intéressante pour l'histoire, et parfaitement conservée.

203. *Aelidis*, dame de Rosoy (*de Roseto*), *dite* d'Audenarde,
confirme la donation faite par feu son frère Roger, seigneur de Rosoy et de Chaumont, à l'abbesse et au couvent
de Montreuil (mars 1250, en latin).

La donation de Roger, reproduite dans cette charte de confirmation, est
datée de mois de mai 1234. En voici la traduction : « Je, Roger de Rosoy,
seigneur de Chaumont, fais savoir, etc., que j'ai donné à l'église de Montreuil,
où ma sœur Ide a pris l'habit religieux, 23 muids de blé d'hiver à la mesure
de Montcornet (de Montecornuto), à prendre dans ma grange de Montcornet,
ou, en cas d'insuffisance, aux moulins du même lieu. Je fais ce don à la prière
de ma chère mère Aelidis (ou Aelis), dame de Rosoy, qui a possédé en dot ledit village de Montcornet, du consentement de Sophie, ma femme, et par le
conseil de mes hommes. »

Cette charte, parfaitement conservée, est intéressante ainsi que celles de
1278 et de 1296, pour l'histoire de la maison d'Audenarde et des seigneurs de
Rosoy et de Chaumont, qui ont joué un rôle important dans le moyen âge.

204. Baudouin, sire de Brenort et de Ribauville, chevalier, et
Eive, sa femme, déclarent donner en aumône aux religieuses de l'abbaye de Montreuil, ordre de Cîteaux, évêché de
Laon, certaines terres longuement désignées en l'acte
« pour faire pitance au couvent au jour qu'on fera leurs
anniversaires chacun an » (juillet 1261, en français).

Très-belle charte, d'une parfaite conservation.

205. Giles de Busquoi, écuyer, fait don à sa nièce Mahaut, religieuse en l'abbaye de Montreuil, ordre de Cîteaux, diocèse
de Laon, d'une rente viagère de 40 sous tournois. Après la
mort de sa nièce, cette rente appartiendra à l'abbaye, à la
charge par les religieuses de célébrer les anniversaires de
Huon et d'*Erminein* (Ermenilde?), père et mère de Giles
(novembre 1269, en français).

206. Ansiau de Parpres, écuyer, fils et héritier de feu Eubert
de Parpres, chevalier, confirme la donation que son père

avait faite à l'abbaye de Boheries, « pour s'arme et pour l'arme sa mère et tous ses ansisseurs, » de toute la terre arable qu'il possédait à Monciaus-sor-Perron (Monceaux-le-Neuf) (mai 1272, en français).

207. Jeanne, comtesse d'Aiençon et de Blois, dame d'Avesnes et de Guise, confirme l'exemption du droit de vinage accordée à la chartreuse du val Saint-Pierre par « homme de bonne mémoire Jaques, jadis sire d'Avesnes et de Guise, dans toute l'étendue de ses domaines. » (Janvier 1288, en français.)

208. Jean de Marteville, écuyer, fils aîné de « Monseigneur Jean de Marteville, chevalier, » seigneur de Villers-outre-Eau, reconnaît devoir à l'abbaye de Boheries une rente de deux muids de blé sur ses terres de Mourecourt (Morcourt) (janvier 1296, en français).

Morcourt, village du département de l'Aisne, à 4 kilom. de Saint-Quentin. Il y a une autre commune du même nom près de Crépy (Oise).

209. Marguerite d'Audenarde, femme de monseigneur Wautier de Tupigny, seigneur d'Iron et Saint-Martin-en-Servière, fait savoir au mayeur et aux échevins d'Iron qu'elle confirme la donation faite par madame Honestasse de Hamelaincourt, à l'abbé et au couvent de Boheries, de certains biens situés à Iron, et qu'elle renonce à exercer les droits qu'elle peut avoir sur ces biens, soit à raison de son douaire, soit autrement (1296, le dimanche après la Conversion de S. Paul, en français).

Iron, village situé près de Guise (à 6 kilom.), avait apparemment une certaine importance au moyen âge, puisqu'on y voit, en 1296, un mayeur et des échevins.

210. Gui de Ribemont, dit le Moine, chevalier, met fin au débat qui existait entre lui et les religieux de l'abbaye de Boheries, en reconnaissant que ces religieux ont le droit de faire passer leurs bestiaux et leurs voitures par Ribemont sans lui payer ni tonlieu ni winage (juillet 1300, en français).

211. Simon, écuyer, « vicomte du mont Notre-Dame Sainte Marie-Madeleine lès Soissons, » fils de « demisele Ade, » jadis fille de dame Isabelle de Ruillon qui fut femme monseigneur Baudouin. Cauchon, chevalier, confirme, à la prière de la dame Isabelle, sa grand'mère, la vente que celle-ci a faite à l'abbaye de Boheries de certains héritages situés audit lieu de Boheries (octobre 1300, en français).

212. Hugues de Châtillon donne à l'abbaye de Boheries dix livres de rente sur les revenus de la seigneurie de Guise : 11 août 1301. Charte en français, sur parchemin (H. 10 cent.; L. 22 cent.).

Hues de Chastillon, comte de Blois, sire d'Avesnes et de Guise, en considération de l'affection et de la grande dévotion que sa cousine Jeanne, comtesse

d'Alençon, avait vouée aux religieuses et à l'abbaye de Boheries, près de Guise,
donne à ladite abbaye, pour le repos de l'âme de sa cousine, et des âmes de
lui, de ses devanciers et successeurs, dix livres de rente, à prendre annuellement sur la recette de Guise.

Jeanne de Châtillon, comtesse de Blois, dame d'Avesnes et de Guise, étant
veuve, sans enfants, de Pierre, comte d'Alençon, mourut en 1291, et laissa
tous ses biens à son cousin germain, Hugues de Châtillon, comte de Saint-
Paul.

213. Devant Jean de Reigny, notaire commis par l'official de
Laon, damoiselle Marie de Vaudencourt, fille de feu Gérard
de Vaux (*de Vallibus*), écuyer, reconnaît avoir reçu à cens
ou à ferme perpétuelle des religieux de Boheries, et aux
conditions spécifiées dans l'acte, certains héritages situés à
Vaudencourt, et qui avaient appartenu autrefois à Vaucher
de Pels, chevalier. Gautier de Bondousies, écuyer, mari de
ladite damoiselle, approuve les conventions que sa femme
a faites avec les religieux de Boheries (juillet 1302, en
latin).

214. Charte de Guy de Châtillon, comte de Blois, sire d'A-
vesnes et de Guise, contenant les conditions d'un accord
passé entre lui et Jean, « par la souffrance de Dieu », abbé
de Prémontré, au sujet du droit de vinage à payer pour
toutes les denrées que les religieux de l'abbaye faisaient
mener ou porter sur le territoire de Guise. (Janvier 1334, en
français.)

Original. (Un peu endommagé vers la fin.)

215. Marie, reine de Jérusalem et de Sicile, duchesse d'Anjou, comtesse de Provence et de Forcalquier, dame de
Roucy et de Guise, mande au bailli de sa terre de Guise
qu'elle confirme le droit de pêche accordé aux religieux de
l'abbaye de Boheries par Adelive, dame de Guise (8 juin
1388, en français).

La charte de donation d'Adelive, dame de Guise, datée de l'an 1196, est
reproduit *in extenso* dans ces lettres de confirmation.

216. Claude, comte de Guise... baron d'Elbeuf, etc., sénéchal
héréditaire et gouverneur de Champagne et Brie, donne à
rente perpétuelle à maistre Pierre de Flavigny, écuyer, seigneur de Signy, bailli de Marle, le bois de Raderon, situé
au territoire de Signy. (24 août 1527, en français.)

Lettre originale signée CLAUDE.

217. J. de Marolles, garde et contrôleur héréditaire des mesures du grenier à sel de Guise, donne quittance de ses gages.
(27 octobre 1625, à Guise.) (*Pièce signée.*)

218. Quittance d'Olivier de Boissymon, d'une somme de 600
livres, reçue du trésorier de l'épargne, pour les frais d'un
voyage fait par ordre du roi, de Guise à Paris et retour.
(1648.) (*Signé.*)

219. Quittance de Jean Haurry, maréchal des logis au régiment de Sirot, de 350 livres pour frais de son voyage de Paris à Guise et retour, pour le service du roi. (1649.) (*Signé*.)

220. Lettres de Pierre Henry, abbé de Clairvaux, nommant Antoine Sezille, religieux profès de l'abbaye d'Ourscamp, à la charge de prieur du monastère de Bohery, vacante par le décès de Raoul Hugette (23 juin 1657, en latin).

VI. BEAUVOISIS.

221. Le pape Urbain III confirme un accord fait entre l'évêque de Beauvais et le roi Philippe Auguste, au sujet du droit de gîte (le 3 des calendes de juin, à Vérone, 1186 ; en latin).

Bulle originale très-bien conservée.

222. Charte de Geoffroi, évêque de Senlis, constatant qu'Erchembauld, chevalier, a donné, à titre d'aumône, au monastère de Saint-Remi de Senlis, en présence et par les mains dudit évêque, une partie de la dîme de Saint-Martin (1204, en latin).

Original bien conservé.

223. Robert *li Bougres* de Vaumoise, écuyer, se déclare obligé de livrer chaque année à l'église de Notre-Dame de Longpré quatre muids de blé à prendre dans sa grange de Vaumoise (juin 1286, en français).

Vaumoise, village du département de l'Oise, à 7 kilom. de Crépy.

224. Aveu et dénombrement des terres, rentes et champars appartenant à Gilles Piquart au territoire de Rully et de Chamissy, et qu'il tient de Hue du Plessis, seigneur de Farinet, écuyer (s. d., vers 1300).

225. Échange et division de droit de justice et seigneurie entre le chapitre de l'église Notre-Dame de Senlis et Jean de Verrines (oct. 1322).

226. Aveu et dénombrement rendu à Gassot de Bouconvillier par Regnault de Bouconvillier, pour biens assis en la ville, terroir et paroisse de Serans (1er janvier 1378).

227. Lettres royales aux généraux des aides de guerre, leur enjoignant de payer par Jacques Benoît cent francs d'or, à Jacques Baudoin, capitaine de Valecourt (19 mars 1389).

228. Quittance de Gilbert de Cambray, sieur de Sax et Barquet, à Jean Baillet de Beaumont, de 9 livres, pour neuf setiers de froment des moulins de Beaumont (15 décembre 1395).

229. Aveu rendu à monseigneur de Saint-Cler par Gassot de
Bouconvillier pour deux arrière-fiefs situés à Sérans (20 mai
1396).

230. Signification des Lettres du roi en faveur des abbé et religieux de Saint-Victor-lès-Paris, faite par Jean Tartarin,
sergent à cheval du Châtelet de Paris, à noble homme Pierre
Domont dit Hutin, chevalier, seigneur de Méru en la châtellenie de Beaumont-sur-Oise, au sujet de certaines possessions et saisines (7 janvier 1398).

231. Acte de vente d'un fief, par-devant le lieutenant du bailli
de Beaumont-sur-Oise (1402). — *Parch.*

232. Quittance de Hugues Perrier, secrétaire du duc d'Orléans, de dix livres tourn., pour être allé de Paris à Beaumont-sur-Oise, afin de faire rompre le pont dudit lieu, et
pour y être demeuré malade, par suite d'une chute du pont
dans la rivière (1417). — *Parch.*

233. Quittance donnée par Pierre, évêque et comte de Beauvais, à noble dame Catherine de Douy, dame de Saint-Cler
(6 novembre 1426). — *Signature.*

234. Rôle de grains reçus par le comte de Mortaing, dans le
pays de Beauvoisis : ces grains saisis pour cause de forfai-
ture, parce que les propriétaires s'étaient retirés à Beauvais
et dans d'autres forteresses tenant pour les ennemis du roi
de France et d'Angleterre (2 avril 1429). — *Parch.*

235. Litige entre Beauvillier et la Roche, d'une part, demandeurs; et Regnault et Jean Gouffier, défendeurs, de l'autre
part : et entre Le Bœuf de Beauvillier et de Mesallenc, sur
la terre de Prément (vers 1430).

236. Compte fait par le maire et les échevins d'Amiens avec
Henri le Carbonnier, receveur du bailliage d'Amiens, pour la
ferme de la prévôté, et payements faits par ladite ville
aux religieux de Saint-Lucien de Beauvais, et par Michel de
Lailler, à damoiselle Marie Dameval, et à Jean de Saint-
Fuscien, héritier de feu Jean du même nom, fils de Luc de
Saint-Fuscien et de dame Jeanne de Rabuisson (18 février
1435).

237. Contrats de ventes de terres, entraînant foy et hommage, entre Jean de Pisseleu, mari de Marie de Hargicourt,
et Mahieu de Baigneux, écuyer (19 août 1451).

238. Pactes de mariage entre messire Charles Dathies et demoiselle Jeanne de Soiecourt. Ledit contrat passé le **2** janvier
1455. — *(Sceau)*.

239. Aveu rendu par Pierre de Grainville, écuyer, seigneur
de Bouconvillier, à Guillaume du Bois, écuyer, seigneur de

Saint-Cler, pour certains héritages situés à Serans (7 février 1459).

240. Damoiselle Perrenelle la Viste, veuve de Charles de Mauny, fils de défunt Mathelin de Mauny, écuyer, capitaine de Beaumont-sur-Oise, et tutrice d'Hélyonnette, Catherine et Sebille de Mauny, ses filles mineures, donne quittance d'une somme due audit Mathelin de Mauny pour ses gages comme capitaine de Beaumont (17 avril 1483-1484). — (Deux expéditions de la même quittance.)

241. Requête en forme de mémoire, présentée au prévôt de Paris par Jean de Fouilleuse, écuyer, seigneur de Boves, Montagny et Flavacourt, garant de Gillequin Rohart, pour défendre à une demande formée contre ledit Rohart par Pierre des Autiers, étudiant en l'Université de Paris, fils de feu Thomassin des Autiers, seigneur de Boutencourt, en payement d'une rente foncière assise sur le moulin de Boutencourt appartenant audit Gillequin Rohart (11 avril 1486).

242. Quittance de Guillaume Joulet, pour la somme de quatre livres, deux sous, six deniers tournois, pour un voyage par lui fait de Senlis à Paris, Orléans, Tours, pour affaire entre le roi et le duc de Bourgogne (13 mars 1487).

243. Aveu rendu à Denis Barthélemy, lieutenant-général en la maîtrise des eaux et forêts du bailliage de Senlis, par Louis de Vaulx, écuyer, fils de feu Jean de Vaulx, et de damoiselle Jeanne Le Bouteiller, à cause du fief de Villers, mouvant de la seigneurie de Verrines (9 novembre 1499).

244. Transaction entre noble et puissant seigneur messire Antoine de Fay, chevalier, seigneur de Farcourt, la Boissière et Parfondeval, et messire Jean le Maire, curé de la Boissière, au sujet des dîmes de la seigneurie de Parfondeval (14 janvier 1502).

245. Pactes de mariage entre Pierre Le Vicomte, écuyer, seigneur de Serens et en partie de Lierville et Vallecourt, et demeurant audit lieu de Serens, au bailliage de Senlis, en la châtellenie de Chaumont, et damoiselle Jacqueline de La Rivière, sœur de Jean de La Rivière, écuyer, seigneur de Sainte-Geneviève, et fille de feu Charles de La Rivière (7 janvier 1515).

246. Philippe de Suze, chevalier, baron de Surgères, seigneur de Malicorne, Villebourjon, Coye et la Bercyne-sur-Oise, vend à Vaast de Marle, écuyer, seigneur de Fleury, une grande pièce de pré appelée le clos Barrois, sise au territoire de Villiers-Saint-Paul (6 juin 1517, en français). — Signature de P. de Suze.

Villiers-Saint-Paul, commune du département de l'Oise, à 3 kilom. de Creil.

247. Acte de vente d'une rente entre particuliers, passé par
Jean Peloux, écuyer, bailli de la châtellenie de Cernoy
(1518). — *Parch.*

248. Par-devant Le Moyne et Fortier, notaires à Senlis, contrat de mariage (contenant donation de fiefs) de Jean de
la Fontaine, écuyer, seigneur d'Ongnon et de Fontaines-
lès-Thorigny, fils aîné de Pierre de la Fontaine, écuyer,
seigneur de Berlinval, et de Jeanne de Bauldry, avec damoiselle Nicole d'Argillière, fille de Jean d'Argillière,
écuyer, seigneur de Breuil-le-Vert et de Valescourt, lieutenant-général au comté de Clermont, et de Louise de la Bre-
tonnerie (25 novembre 1519).

249. Charles de Boulainvillier, comte de Roussillon, sieur de
Verneuil-sur-Oise, et Susanne de Bourbon, sa femme, font
donation à Martin de Bergalles et à Florence de Valin, fille
de chambre, d'une maison située à Saint-Maurice, laquelle
maison venait de Blaise Point et Nicolas d'Anjou de Saint-
Fargeau (17 août 1523).

250. Par-devant Jacques Harel, tabellion à Méru, Clément de
la Porte prend à titre de cens annuel, de noble et discrète
personne Frère Jacques de Vignacourt, chevalier de Saint-
Jean de Jérusalem, commandeur d'Ivry, certains biens situés
au territoire de ladite commanderie (1527).

251. Sentence de Claude Roze, licencié-es-lois, juge délégué
du bailli de Senlis, touchant le moulin de Bassot, ayant
appartenu à feu Louis Hourdenue, et assis en la châtellenie de Chambly (5 mars 1542).

252. Le doyen et chapitre de l'église de Senlis donnent quittance à maître Jean Barthélemy, avocat au siége royal de
Senlis, de la somme de cent livres tournois, pour le rachat
d'une rente de douze mines de blé, mesure de Senlis, due
audit chapitre par Jean Barthélemy (15 février 1545).

253. Quittance de Georges de Narbonne, abbé commendataire
de l'abbaye de Saint-Germer du Fley, diocèse de Beauvais,
à Pierre de Lacourt, receveur à Rouen, pour cent sous
(8 avril 1548).

254. Messire Adrien de Pisseleu, chevalier, seigneur de Heilly,
tant en son nom qu'au nom de Anne-Charlotte d'Ailly, sa
femme, et de Josseline de Pisseleu, sa fille, cède à Jean de la
Chesnaye, conseiller au conseil privé du roi et général des
finances, et à Françoise Mallet, sa femme, les fiefs et seigneuries de Saint-Léger-Ricqueville, Auneuil et Tiersfon-
taines, au pays de Beauvaisis, en échange d'une rente constituée. Contrat passé devant Vincent Maupeou et Jean
Trouvé, notaires à Paris, le 7 juillet 1549. (Pièce très-étendue et importante.)

255. Tutelle des enfants mineurs de messire Louis d'Ognies, chevalier, seigneur de Chaulnes, et de dame Antoinette de Raisse.
Sont mentionnés comme parents : Louis de Wignacourt, Louis de Hangest, Christophe de Gorner, Philippe d'Erquinviller (22 mai 1558).

256. Quittance de Eustache Chambon, sieur de Soularre, à François de Vigny, pour 50 livres tournois de rente sur les magasins à sel de Senlis (17 novembre 1558).

257. Montre et revue à Beauvais, de 73 archers : Jean de Paillard, lieutenant; Gilles de Pellevé, enseigne; François de Rochechouart, guidon; Simon d'Amerval, commissaire des guerres (30 décembre 1558).

258. Quittance de Antoine de Broully, écuyer, maître d'hôtel du roi, d'une somme de 400 livres à lui octroyée par le feu roi, pendant neuf ans (1559). — *Parch.*

259. Ordonnance de délivrance de copie de tous les actes et titres relatifs à la seigneurie de Boursonne, existant en la chambre des comptes, en faveur de Henry de Capandu, seigneur dudit lieu de Boursonne (29 décembre 1559).

260. Nicolas Lestave, maître d'hôtel de Nicolas Le Gendre, sieur de Villeroy, Maigny et Alaincourt, donne à loyer une pièce de bois à Vaudencourt, nommée le bois des Brouillards, au sieur Thierry (lundi, 28 février 1563).

261. Quittance de Philbert Luillier, chevalier de l'ordre de Saint-Jean de Jérusalem, commandeur de Laigny-le-Sec, légataire de sa mère, Marie Cueur, des arrérages d'une rente sur l'hôtel de ville de Paris (1564). — *Parch. Signé.*

262. Quittance de rente constituée sur l'hôtel de ville de Paris, donnée par François Le Pelletier, conseiller du roi au bailliage et siége présidial de Senlis (15 avril 1570).

263. Contrat de mariage entre Roland de Menear, écuyer, et Françoise de Billan, fille de Philibert de Billan, où est fait mention de Mathieu de La Boissière (Senlis, 22 mars 1571).

264. Aveu pour un bail à ferme de moisson, entre Lauchet, marchand laboureur, et damoiselle Jacqueline de Beauchamp, veuve de Ambroise Bernot, à Chambly (15 mai 1573).

265. Procuration donnée par Laurette Regnault, femme de Louis Le Thuillier, de Clermont en Beauvaisis, à Warty, près Clermont, à son mari pour la vente d'une rente de trente-trois livres sept sous huit deniers, de la succession de feue Jacqueline La Mougue, veuve Antoine Regnault, à Nicolas Gaudefroy, valet de chambre du roi (7 septembre 1573).

266. Louis Derquinviller de Saint-Rymault et d'Anviller, demeurant à Clermont, donne par don entre-vifs à Grégoire Prévôt, huissier royal à Paris, 6 écus, deux tiers de la succession de Louis, son père (26 mai 1581).

267. Louis d'Arquinvillier, chevalier, écuyer, demeurant à Clermont en Beauvaisis, cède 25 livres tournois de rente annuelle à Grégoire Prévost, huissier du roi en son parlement de Paris (1er août 1582).

268. Contrat de constitution de rentes, fait par Philibert de Dampont et Gabrielle du Breuil, sa femme, seigneurs d'Ewe, et ce pour une somme de 83 écus, à messire Jean Testu, chevalier, sieur de Ballaincourt (27 octobre 1583).

269. Mandement de Balthasar Gobelin, conseiller d'État et trésorier de l'Épargne, à maître Jacques Germain, commis à la recette générale des finances en la généralité de Paris, de délivrer à maître Philippe Danguechin, trésorier des réparations et fortifications de l'Ile-de-France et Picardie, la somme de 1333 écus sol un tiers, pour les fortifications de la ville de Senlis (20 décembre 1583).

270. Quittance d'un quartier de rente sur l'hôtel de ville de Paris, donnée par Robert de Bonviller, contrôleur du grenier à sel de Senlis, à cause de sa femme Antoinette de Bresles (1588). — *Parch. Signé.*

271. Entre René de Maricourt, baron de Moncy-le-Chastel, et Nicolas de Presteval, mari de Jacqueline de Maricourt, acte de transaction pour la succession de Michel de Rabatel (6 mars 1599).

272. Vente de la terre et seigneurie de La Muette de Boubiers, faite à noble François de Corbie, écuyer, seigneur de Jagny et de Dagny, près Dampmartin, demeurant paroisse de Champigny-sur-Marne, par noble Adrien de La Fontaine, écuyer, seigneur d'Anserville (4 octobre 1601).

273. Françoise de Feuquières, veuve d'Eustache du Buisson, donne quittance au receveur de la ville de Beauvais des arrérages d'une rente constituée en 1572, au profit de Charles de Feuquières, son père, dont elle est héritière (30 octobre 1602). — *Or. Sign.*

274. Nicolas de Flavigny, sieur de Chantelou, pour lui et son fils, vend à Nicolas Jolly une maison, cour et jardin, à Héricourt, touchant aux propriétés Hensebière et Rasse, pour 600 livres tournois (22 février 1606).

275. Sentence des requêtes du palais, portant main-levée en faveur de messire René de Maricourt, chevalier, baron de Monchy-le-Châtel, de la saisie contre lui faite des arrérages d'une rente instituée sur les greniers à sel du royaume (6 septembre 1608).

276. Charles Des Mailliart des Boullets donne procuration à Madelaine de Castelain, veuve Des Mailliart de Fourches, pour toucher les rentes à lui dues (Senlis, 1er août 1612).

277. Quittance de onze livres onze sous trois deniers, pour un quartier de rente, donnée par Pierre Mercier, lieutenant-général de Clermont en Beauvoisis, à cause de Marie Choart, sa femme (19 décembre 1614).

278. Quittance de rente constituée sur les aides donnée par Marie Choart, veuve de noble homme maître Pierre Mercier, lieutenant-général au bailliage de Clermont en Beauvoisis (4 juillet 1623).

279. Quittance de Jacques de Bidache, écuyer, sieur dudit lieu, demeurant à Nogent, près de Creil, d'un quartier de rente sur l'hôtel de ville de Paris (1623). — *Signé*.

280. Quittance de Jacques Mesmes, sieur de Marolles, chevalier de l'ordre de Saint-Jean de Jérusalem, commandeur de Lagny-le-Sec, d'un quartier de rente sur l'hôtel de ville de Paris (1623). *Signé*.

281. Vente par transport de diverses rentes à messire François de Monceaulx, chevalier, et dame Marthe de Boufflers, sa femme, par messire François de Boufflers, chevalier, seigneur dudit lieu (24 septembre 1624).

282. Par-devant les notaires de la Châtellenie de Béthisy et Verberie, haute et puissante dame Catherine de Bauffremont, dame du Plessier-Châtelain, veuve de messire Jean de Vieupont, chevalier, baron de Vieupont, seigneur de Saintives, constitue à Jean le Caron, écuyer, seigneur de Berlettes, une rente foncière sur sa terre du Plessier-Châtelain (14 novembre 1624).

— Autre titre intéressant une famille Baillot (1673). — Deux pièces.

283. Vente d'une coupe de bois taillis en la forêt de *Breulsecq*, faite par demoiselles Louise et Anne de Collincourt, filles de Natanael de Collincourt, écuyer, seigneur de l'Aulnoy, demeurant au château de Bournelles (23 mars 1630).

284. Contrat de la donation faite par les parents de Claude le Boucher, sieur de Gramesnil, bailli de Beauvais, aux religieuses de Saint-François, de ladite ville, selon le testament dudit Claude le Boucher (26 juillet 1633).

285. Contrat de mariage passé à Augy, bailliage de Beauvais, entre François Le François, sieur de Morfontaine, lieutenant de la justice de Campremy; et Marie de Halancourt,

fille d'Antoine de Halancourt, chevalier, seigneur de Canteville. Est jointe la quittance signée Le François, de la dot de 3,000 livres donnée par le sieur de Canteville à sa fille (1633).

286. Sentence des requêtes du palais en faveur des sieur et dame de Biard d'Incarville, au sujet de la vente et adjudication d'une maison sise à Sully, saisie sur le sieur de Piscop (22 février 1646).

287. Quittance de Jean Damoresan, l'un des gentilshommes de Son Altesse Royale, de 600 livres, pour les frais d'un voyage de Paris à Doullens (1649). — *Signé.*

288. Lettres, signé Louis, portant érection en titre de vicomté de la châtellenie de Tourotte, mouvante de S. M., à cause de son comté de Senlis, en faveur de Pierre Pithon, conseiller en son conseil d'Etat et en sa cour de parlement, en considération de ses services (10 septembre 1651).

Y joint l'extrait des registres du Parlement portant enregistrement desdites lettres (2 pièces).

289. Lettres portant évocation de la demande et instance intentée par-devant le prévôt de Paris au nom de messire Georges de Monchy, chevalier, marquis d'Hoquincourt, au sujet de la vente de la terre de Warty, près Clermont-en-Beauvoisis (3 février 1660).

290. Ratification donnée par messire Georges de Fresnoy, chevalier, seigneur dudit lieu, à la transaction passée entre feue dame Magdelaine Ribier, veuve de messire Georges de Fresnoy, chevalier, seigneur des Voisseaux, et ledit sieur alors mineur (30 mars 1660).

291. Contrat de mariage entre Antoine Le François, sieur du Camel, capitaine de chevau-légers de la garde du roi, et damoiselle Françoise de Grezillemont (28 novembre 1663).

292. Sentence des requêtes du palais en faveur de dame Henriette de Gouy de Camprémy, au sujet des deniers provenant de la vente de la terre de Villers-sous-Outil (15 septembre 1668).

293. Reconnaissance d'une dette de 500 livres tournois, donnée par-devant notaires, par François le Vasseur, écuyer, sieur de Montarlet, à dame Guillemette des Etangs, veuve et donataire d'Etienne Dymier, contrôleur des arrêts du greffe criminel du parlement de Paris (29 avril 1669).

294. Sentence des requêtes du palais, donnant acte de l'opposition formée par maître Etienne Gérard, procureur en la cour, au nom d'Antoine Trouvain, fils d'Antoine Trouvain, sieur de la Mairye, aux saisie, criée et poursuite en la

cour de la terre et seigneurie de Chevrières, saisie à la requête de maître François Lescuyer, sieur de Montifault
(7 décembre 1669).

295. Contrat de transport de 83 livres 6 sous 8 deniers de
rente fait à Mᵉ Martin Gallier, bourgeois de Paris, par Isaac
de Lancry et Alophe de Verny, procureurs, le premier de
Louis de Lancry, écuyer, seigneur de Prompleroy, son père;
le second de Louis de Verny, seigneur de Granville, et de
damoiselle Louise de Lancry, son épouse, ses père et mère
(21 février 1670). — *Copie.*
Suit la teneur desdites procurations.

296. Quittance de rente constituée sur la ville de Paris, donnée
par François Le Pelletier, conseiller au siége présidial de
Senlis (15 octobre 1670).

297. Aveu rendu pour la terre de Bury par dame Magdelaine
de Combault, veuve de messire Jean Perrot, chevalier, à
madame Anne-Marie de Martinozzi, princesse douairière de
Conti (4 avril 1671).

298. Quittance donnée à maître Claude Garrot, receveur des
consignations des requêtes du palais, par Antoine Trouvain,
sieur de Gimard et consorts, de partie des deniers provenant de la vente de la terre et seigneurie de Chevrières, appartenant à messire Philippe de Brouilly, chevalier (26 février 1672).

299. Transfert de rente, par messire François Le Clerc, chevalier, seigneur de Blicourt, près Beauvais, au profit de
Jacques Le Febvre, bourgeois de Paris (acte notarié incomplet), vers 1678.

300. Acte notarié d'amortissement d'une rente sur la ville de
Paris, au profit de Henri Bosquillon, chanoine à Beauvais
(1679). — *Parch.*

301. Rétrocession du bail des terres et seigneuries de Brin-
villiers, Sains, Erraines, Sacy-le-Petit, Chevrières, Arman-
court, Roberval, appartenant à messire Henry de La Motte-
Houdancourt, archevêque d'Auch, faite au profit du sieur
Daniel Fizes, receveur-général du roi en Languedoc, par
Marc-Antoine Corbon, bourgeois de Paris(11 novembre 1682).

302. Rôle de la montre et revue faite en la ville de Creil, de la
compagnie de cent hommes de guerre à pied français, commandée par Guillaume de La Fontaine, gouverneur dudit
lieu (9 juillet 1690).

303. Bail de la terre et seigneurie de Balagny, sise près
Senlis, au profit de Georges Gallois, receveur de ladite terre,
par messire François Lescuyer, chevalier, comte de Muret,
colonel du régiment d'Albigeois (9 mai 1698).

304. Quittance notariée de Gilles Jugniet, receveur général des rentes, pour 4,500 livres tournois constituées par Jean de la Porte de Rouquerolle, demeurant à Chambly. (XVII\u1d49 siècle.)

305. Extraits du testament de Toussaint de Forbin-Janson, cardinal, évêque et comte de Beauvais, vidame de Gerbroy, etc., qui nomme pour son légataire universel Joseph de Forbin, chevalier, marquis de Janson, maréchal de camp, gouverneur d'Antibes; des registres mortuaires de la paroisse de Saint-Germain-l'Auxerrois, dont il appert que le cardinal est décédé le 24 mars 1713, et de deux procurations données à Jean-Baptiste Guérin, bourgeois de Paris, par ledit marquis de Janson, à l'effet de régir tous les biens de la succession du cardinal (1713).

306. Acte de vente du fief de Malescourt, paroisse de Saint-Remy-en-l'eau, faite par Pierre de Lessely-le-Loy du Plessis, écuyer, brigadier des gardes du corps du roi, chevalier de Saint-Louis, et Antoinette-Jeanne-Charlotte de Sart, sa femme, comme procureurs de César-Alexandre de Bouchard, seigneur de Ravenel, capitaine d'artillerie et chevalier de Saint-Louis (1722). — *Cahier-parch.*

VII. SOISSONNOIS.

307. Charte de Herbert, abbé de Valsery (*Vallis serenæ*), contenant les conditions de la transaction convenue entre son abbaye et le chapitre de Saint-Pierre de Soissons, au sujet de certains biens que ce chapitre cède aux religieux de Valsery moyennant une redevance annuelle. (1167, Indiction XV, Epacte XXVIII.)

Cette charte, très-étendue, se termine par les noms des témoins, au nombre de trente-huit, parmi lesquels figure le religieux qui l'a écrite : *Galfridus, presentis cartule scriptor.*

L'abbaye de Valsery, de l'ordre de Prémontré, à 3 lieues de Soissons, avait été fondée en 1122; elle fut supprimée en 1697 et la mense abbatiale unie à l'évêché de Soissons.

308. Charte de Bertran (Bertrannus) « *par la patience de Dieu* » abbé de Saint-Médard de Soissons, contenant les conditions de l'accord fait entre son abbaye et le chapitre de Saint-Ferjeux *de Solmis*, au sujet de la dîme de quelques terres situées à Bourèche (*in districto de Boresche*). Cet accord a été amené par l'intervention et à la prière de Guillaume, archevêque de Reims, et d'André, archidiacre de Soissons. Les biens sur lesquels l'abbaye de Saint-Médard prélevait la dîme à Bourrèche avaient été donnés aux chanoines de Saint-Ferjeux par Marie, comtesse de Troyes, moyennant une redevance annuelle. *S. d.* (1171) en latin.

Bourèche est aujourd'hui une commune du département de l'Aisne, située à 6 kilom. de Château-Thierry.

Cette charte, d'une fort belle écriture de la seconde moitié du xiiᵉ siècle, est sans date; mais les noms qu'on y trouve cités permettent de la rapporter à l'année 1171.

309. *Ivo,* comte de Soissons, confirme à Hugues, abbé de Longpont, et à ses religieux, la donation que Wermond de *Triechoc* leur avait faite de divers biens, notamment de la moitié du bois de Blanzy, avec le consentement de *Joia* (*Joie?*), femme du dit Wermond, et de Pierre, son neveu. Le comte fait approuver cette confirmation par Conon, seigneur de Pierrefonds, son héritier et son successeur désigné. Témoins: Raoul, châtelain de Nesle, Mathieu de Marchais ; Evrard, frère de *Joie;* Jacques *de Loistra;* Wiard de *Parrechi* (Parcy) et... son fils; Wiard de *Ambreriis* (d'Ambrières?); Eudes de Clermont; Joscelin de..... (nom effacé.) (1174, en latin.)

Belle charte originale, bien conservée, à l'exception de quelques mots enlevés par l'humidité.

310. Agathe, dame de Pierrefonds, confirme les donations faites à l'abbaye de Valsery par Jean le Turc, *Johannes Turcus,* de ses biens de Mortefontaine, et par Raoul, père dudit Jean, de diverses terres situées à Faverolles et *Ulties,* à Mont-Gobert, à Saint-Pierre-Aigle et à Coucy. Quelques-unes de ces libéralités de Raoul avaient été faites pour le repos des âmes de sa femme Alix et de son fils Adam, dont les corps reposent dans le cimetière de Sainte-Marie-Madelaine de *Javages.* Un autre de ces dons avait pour objet des rentes dues à Raoul par Agnès et Hadvide, filles d'Eude le Roux. Toutes les donations de Raoul ont été approuvées par Jean le Turc, son fils, Melisende, femme de celui-ci, et son fils Nivelon, ainsi que par les trois autres fils de Raoul et leur sœur. La dame de Pierrefonds, de qui Jean et Raoul tenaient leurs fiefs, se porte caution envers l'abbaye de Valsery de l'exécution de ces conventions. (1189, en latin.)

Faverolles, Mortefontaine, Mont-Gobert, Coucy, communes voisines de Villers-Cotterets (Aisne). Saint-Pierre-Aigle, commune du même département, à 12 kilom. de Soissons.

Charte d'une très-belle écriture et parfaitement conservée.

311. Agathe, dame et héritière de Pierrefonds, confirme une donation faite à l'abbaye de Longpré par Bernard de Moret, du consentement de ses frères Michée et Jean, en considération de leur sœur, religieuse en ladite abbaye. Les biens

donnés sont situés dans les paroisses de Puiseux et d'Hara-
mont. (1189, en latin).

On lit au dos de cette pièce la mention suivante : « Représentées, transcrites
« et insérées dans les registres de la chambre des comptes, en exécution de la
« décision du roi du 14 mars 1741, et suivant l'arrest de ladite chambre de
« cejourd'hui 16 mai 1747, intervenu sur requeste à elle présentée. Dont acte.
« Signé Ducornet. »

312. Agathe, héritière et dame de Pierrefonds, donne à l'abbaye de Valsery des terres labourables à Haute-Fontaine et
le droit de pâturage dans son domaine de *Remin* (Rémy ?).
(*S. d.*, fin du XIIe siècle, en latin.)

313. Helvide, abbesse de Notre-Dame de Soissons, déclare
que Robert de Ressons a donné à cette abbaye trente *essins*
de terre sur la montagne de Ressons. En échange de cette
donation l'abbesse concède à Robert la jouissance pendant
sa vie de la maison que le monastère de Notre-Dame possédait à Troly. L'acte est passé sous le sceau de Nivelon,
évêque de Soissons. (Fin du XIIe siècle ou commencement
du XIIIe, en latin.)

314. Raoul, prévôt et archidiacre, et Jean, doyen du chapitre
de Soissons, attestent que Barthélemy d'Ancienville et Guy,
son frère, ont vendu à l'abbaye de Longpont un bois situé
au territoire de Blanzy, avec le consentement et sous la
garantie d'Hodierne leur mère, de Sara, leur sœur, d'Yves,
mari de celle-ci, de leurs cousins Gervais et Thibaut de *Choi*
(Chouy), d'Hervide, mère de ces derniers, et de Jean de
Vierzy. Cette vente est également approuvée et confirmée
par Ermentrude de Vierzy, dont les fils, quand ils seront en
âge, posséderont le fief duquel relèvent les biens vendus,
et par Elisabeth, femme de Barthélemy d'Ancienville. Et
comme Gui d'Ancienville, qui n'est pas encore chevalier,
n'a pas l'âge nécessaire pour contracter, Barthélemy son
frère s'engage à le dédommager dans le cas où il réclamerait
plus tard une part quelconque du bois cédé à l'abbaye. En
outre, Robert Cosset, le jeune, Yves de Vaubuin, Gervais
de Chouy et son cousin Jean de Vierzy, se constituent
pléges et cautions de ladite vente. Par la même charte,
Mathieu de Violaines, *de Villaniis*, reconnaît avoir manqué
aux obligations que ses prédécesseurs Mathieu et Renaud de
Violaines, frères, avaient contractées envers les moines de
Longpont suivant certaines lettres de Joslin et de Nivelon,
évêques de Soissons, et il promet de s'y conformer à l'avenir ; Hugues de Guny, Jean de Cuisy, chevalier, et Philippe
son frère, Everard Charlet, Dreux et Adam de Courtil,
Thibaut de Berzy, fils de Jean *le Borne*, et quelques autres
seigneurs confirment diverses donations par eux faites au
même monastère. (1203, en latin.)

Très-belle charte, d'une grande étendue et parfaitement conservée.

315. Jean, comte de Chartres, seigneur de Montmirail et d'Oisy, renonce en faveur de Béatrix, abbesse de Notre-Dame de Soissons, au droit de grucrie qu'il possédait sur trente arpents de bois situés près de la grange de Beaurepaire. (Novembre 1204, en latin.)

Très-belle charte, bien conservée.

316. Sentence prononcée par l'officialité de Reims sur une contestation qui s'était élevée entre l'église de Notre-Dame des Vignes de Soissons, d'une part, et Regnier Baselart, Godard de Remi, Herbert d'Aunoy, Gérard de Versigny, Erm. de Vaux et Marie de Montaigu, d'autre part, au sujet d'une donation faite à ladite église par Marie, femme d'Odon, maire de Soissons, et fille d'Odon de Rosay, *de Rosceio* (avril 1206 ; en latin).

317. Barthélemy de Roye, chambrier de France, atteste qu'en sa présence Jean de Cerny, chevalier, du consentement de Sarrasine, sa femme, a vendu à l'église de Notre-Dame de Soissons tout ce qui lui appartenait à *Lafou* (Laffaux). (Novembre 1209, en latin.)

Laffaux et Terny, communes du département de l'Aisne, la première à 10 kilom., la seconde à 8 kilom. de Soissons.

318. Mathilde, dame de Chimay et vidamesse de Laon, donne à Hélinde, abbesse de Notre-Dame de Soissons, sa terre d'*Ursel* dont elle avait précédemment fait don à sa fille Hélinde, *filie mee Helindi*. (Mai 1213, en latin.)

319. Philippe, évêque de Beauvais, atteste et confirme la restitution faite à l'abbaye de Valsery par Guillaume Turc, chanoine de Beauvais, d'une dîme qu'il possédait à Liancourt, et que son père, Raoul Turc, avait autrefois donnée à la même abbaye, ainsi qu'il résulte d'une charte de feu Eléonore, comtesse de Vermandois. (1214, en latin.)

320. Simon, prévôt, Guy, doyen, et tout le chapitre de l'église de Soissons cède à l'abbaye de Notre-Dame de la même ville, moyennant certaines redevances, diverses maisons désignées dans l'acte, notamment la maison du chanoine Dreux de Buci, celle de feu Eudes de Wailly, et celle qui avait appartenu à Gautier de Waubuin et à sa femme Alix. (1219, en latin.)

321. Jean, seigneur de Brétigny, en son nom et au nom de ses héritiers, se constitue plége et caution envers les églises de Notre-Dame et de Saint-Crépin-le-Grand de Soissons, des obligations contractées par Gilon de *Rennes*, chevalier, châtelain d'Acy, et son frère Willard (*Willardus*) au sujet de l'avouerie d'Acy. (Juin 1222, en latin.)

Belle charte, bien conservée.

322. Philippe, seigneur de Nanteuil, approuve, comme seigneur supérieur du fief, *superior dominus feodi*, l'accord fait entre l'abbaye de Valsery, d'une part, et Robert de *Danleu*, chevalier, Thibaut, son fils, Robert et Pierre ses beaux-frères, d'autre part, au sujet de certaines pièces de terre situées à *Danleu* et aux environs. Adam, seigneur de *Rée*, chevalier, de qui Robert de Danleu tenait immédiatement le fief, s'est constitué entre les mains de Philippe, garant de la convention, qui a été approuvée aussi par Liégarde, femme de Robert de Danleu, par Gérard et Jacques ses fils et par Ide sa fille. (1er mai 1225, en latin.)

323. Devant Raoul Arundell, bailli du comte de Champagne et de Brie, accord entre les religieux de l'abbaye du Val-Secret et les habitants de Jaulgonne (*Jargoniæ*) au sujet de la propriété d'un chemin et de divers biens situés à Jaulgonne. Cette transaction a eu lieu à la demande de Blanche, comtesse de Champagne, et sur l'avis de trois arbitres choisis par les parties, savoir : Robert de Courtemont, chevalier, Jacques de *Turci* (de Torcy), chevalier, et Hugues de *Vilentens* (*sic*), prévôt de Château-Thierry. (1226 en latin.)

L'abbaye du Val-Secret, de l'ordre de Prémontré et du diocèse de Soissons, était située à 1 lieue N. de Château-Thierry; elle avait été fondée en 1076.

Jaulgonne est une commune du département de l'Aisne, à 11 kilom. de Château-Thierry,

324. Charte de Robert, comte de Dreux et de Braine, contenant les conditions d'une transaction convenue par-devant Pierre de Couvai, chevalier, bailli du comte, entre l'abbaye de Notre-Dame de Soissons, d'une part, et Gilon, chevalier, châtelain d'Acy, d'autre part, au sujet de divers droits du domaine d'Acy. (1226, en latin.)

Cette charte, très-belle et très-bien conservée, renferme beaucoup de détails instructifs sur le droit féodal et sur la topographie des environs de Soissons. Acy est une commune située à 7 kilom. de cette ville (Aisne).

325. Raoul, comte de Soissons, atteste que Hugues et Mathieu Boschet, frères, ses hommes-liges, se sont accordés en sa présence sur le différend qui s'était élevé entre eux à l'occasion de la succession de leurs père et mère. On voit par les conditions de cet accord que les biens partagés étaient situés, en partie, *apud Hespaigniacum*, à Épagny, aujourd'hui commune du département de l'Aisne, à 11 kilomètres de Soissons (février 1226, 1227, n. s.), en latin.

Cette charte chirographaire est d'une très-belle écriture et parfaitement conservée.

326. Henri (de Braine) archevêque de Reims, atteste que son frère Jean de Braine, comte de Mâcon, a juré de se conformer aux usages et coutumes de ses prédécesseurs pour les domaines appartenant à l'abbaye de Notre-Dame de Soissons, et dans lesquels il possède des avoueries (*advocatias*). Le comte reconnaît que la maison et les fossés qu'il a fait construire à Billy appartiennent à l'abbesse de Notre-Dame, ainsi que l'étang. Il s'interdit de bâtir aucune maison sur lesdits domaines sans le consentement de l'abbesse. (Juin 1230, en latin.)

On trouve dans le département de l'Aisne deux communes du nom de Billy : Billy-sur-Ourcq, près d'Oulchy, et Billy-sur-Aisne, à 5 kilomètres de Soissons. C'est probablement de ce dernier village qu'il est question ici.

Cette charte est admirablement conservée.

327. Accord intervenu devant le chapitre de Soissons entre l'abbaye du Val-Secret, la maison hospitalière de l'église de Soissons et le prêtre de *Falsiaco*, au sujet de la possession des dîmes dans cette paroisse de *Falsiaco*. (Août 1235 en latin.)

328. Jacques, élu évêque de Soissons, confirme la donation qu'a faite à l'abbaye de Saint-Léger de Soissons, par une charte du mois de mai de ladite année, reproduite entièrement dans les lettres de confirmation, Raoul de Clermont, sire de Montgombert (Montgobert), pour le salut de l'âme de Marguerite sa femme, de monseigneur Jean et de madame Pelerine, père et mère de ladite Marguerite. (Juin 1239, en français.)

Belle charte, importante comme monument de la langue parlée en Picardie dans la première moitié du xiiie siècle.

329. Messire Jean de Cuise, messire Jean, son fils aîné, et messire Roger de *Vouties*, transigent avec l'abbaye de Notre-Dame de Soissons, dont l'avouerie leur appartenait, au sujet des prétentions respectives des deux parties, sur des terres arables et des maisons situées à Troly et à Breuil, près de Compiègne. Messire Guillaume de Silly, beau-frère de Roger de Vouties, approuve cette convention. (Mars 1242, en français.)

Troly-Breuil, commune du département de l'Oise, à 10 kilom. de Compiègne.

On sait combien sont rares les chartes françaises de la première moitié du xiiie siècle. Celle-ci ne se recommande pas seulement à ce titre; c'est en même temps une des plus belles de la collection pour la perfection de l'écriture et la bonne conservation.

330. Acte capitulaire du prieur de Saint-Crépin le Grand de Soissons, déterminant les précautions à prendre pour conserver les objets précieux du trésor de ce prieuré, et réglant certaines dispositions relatives à la pitance et au vêtement des moines. (Vers 1242). — xiiie siècle.

Pièce très-intéressante et bien conservée.

331. Odo, évêque de Tusculum, légat du Saint-Siége, règle comme arbitre le différend qui s'était élevé entre le chapitre de Soissons et l'abbaye de S.-Jean-des-Vignes de la même ville, au sujet de l'obligation imposée à l'abbé de Saint-Jean d'officier personnellement à matines dans l'église de Saint-Gervais, à cause de la prébende qu'il possédait dans cette église. Le légat décide que l'abbé aura la faculté de se faire remplacer à matines par un chanoine ; mais que s'il ne célèbre pas lui-même l'office, il payera au chapitre trois sous, savoir, douze deniers au profit de la communauté, et deux sous au profit du chanoine qui l'aura suppléé. Cette sentence est rendue en présence et du consentement de Guy, évêque de Soissons (3 avril 1245, à Saint-Quentin ; en latin).

332. Pierre, dit Tristan, chevalier, seigneur de Pacy et d'Ostel, et Béatrix, sa femme, fondent pour le repos de leurs âmes, des âmes de leurs pères et mères, et de celles de leurs bienfaiteurs, notamment pour le repos de l'âme du feu roi Philippe, de bonne mémoire, la chapelle de Saint-André dans l'église de Saint-Vaast de Soissons, et ils assignent divers biens au service et à l'entretien de cette chapelle. (Mai 1246, en latin.)

Belle charte, d'une écriture remarquable.

333. Jean, sire de *Cremmeilles*, chevalier, ratifie, comme seigneur du fief, la donation qu'Isabeau, sœur de Henri de *Jonovines*, a faite à l'église « ou à l'hostelerie de Notre-Dame de Soissons. » Car icele Ysabiaus receue suers en l'un de ces deus devandiz lius les enporte (les biens donnés) aveuc soi ainsi comme ele les enportast a son mariage. » Pierre de *Cervenay*, chevalier, qui tient le fief du seigneur de *Crammeilles* (sic) confirme aussi cette donation. (Août 1250, en français.)

Cramaille, commune du département de l'Aisne, à 7 kilom. d'Oulchy.

334. Jean, abbé du Val-Secret, cède à Thomas, fils de Constable, la dîme que le monastère du Val-Secret possède à Lusancy, mais pour en jouir sa vie durant seulement, et à charge d'une redevance annuelle pour le payement de laquelle Lambert et Gautier, frères de Thomas, se portent caution. Le vidimus de cette charte a été délivré au mois d'avril 1252 par Pierre, curé de Lusancy, et Pierre, chapelain de Charly. (Mars 1251, en latin.)

335. Charte par laquelle Symon « *maior de Marisco supra Condunum* » vend au couvent de Saint-Corneille de Compiegne divers droits et propriétés. Donné l'an 1254.

336. Charte de Nivelon, évêque de Soissons, confirmant la donation faite à l'abbaye de Saint-Jean des Vignes de cette

ville par Jean, dit le Turc (*Turcus*), chevalier, seigneur de
Maucrues, et sa femme Agathe, et par Raoul de Rétheuil,
écuyer, de tout ce qui leur appartenait dans la dîme de Rétheuil (avril 1255; en latin).

Rétheuil, commune du département de l'Aisne, à 9 kilom. de Villers-Cotterets.

337. Jean, comte de Soissons, confirme les donations faites à
l'église et au chapitre de Soissons par Guy de Vausaillon,
chevalier, pour le repos de l'âme de Jean *de Crameliis*,
autrefois archidiacre de Soissons, et par Gilon *de Crameliis*,
père dudit Guy de Vausaillon. Les biens donnés sont situés
à Bucy et relèvent du fief du comte de Soissons. (Mai 1256,
en latin). — *Or. bien conservé.*

338. Maître Jean de Paris, chanoine et official de Soissons,
atteste que devant l'officialité de cette ville ont comparu
Odard Foukere et Aelis, fille d'Erard le cordonnier, lesquels
ont vendu à Robert de Saint-Crespin, chanoine de Soissons,
certaine rente d'avoine à la mesure de Cutry. (Avril 1258,
en latin.)

339. Pierre de Pisseleu, chevalier, confirme la vente faite à·
l'abbaye de Valséry, diocèse de Soissons, par Jean de Morenceles, écuyer, de 36 *essins* de blé d'hiver à prendre
dans la grange de l'abbaye à *Danleu*, du consentement de
Pierre de Couilloles, écuyer, fils de feu Hugues, seigneur
de Couilloles, qui tenait ledit fief de Pierre de Pisseleu,
et avait lui-même pour vassal Jean de Morenceles. Témoins : Jean de Thoiry, Jean de *Mantrues*, Adam de Mont-
gobert, chevaliers, et André, prêtre de *Lauretines*. (Juillet
1264, en latin.)

340. Alerme, évêque de Meaux, après avoir rappelé la donation faite à l'abbaye de Saint-Jean-des-Vignes de Soissons, par
feu Mathieu de Montmirail, seigneur d'Oisy, de la vieille chapelle de Saint-Nicolas de la Ferté-Ancoul pour y établir un
hôpital, déclare que le maître et les sœurs desservant cet
hôpital ont renoncé à cette donation, parce que la chapelle
était trop étroite et située dans un lieu où il était difficile
de se procurer de l'eau. (Mai 1266, en latin.)

341. Geoffroy de Mortemer, écuyer, vicomte d'Acy, et « damoiselle Hersent, » sa femme, autorisent l'abbé et les religieux de Saint-Crépin-le-Grand, de Soissons, à faucher les
prés et à faire des réparations au moulin d'Amontiart (ou
de Montiart) sous Acy, nonobstant les droits de la vicomté.
(Janvier 1269, en français.)

342. Anjorrans (*ou Enguerran*), sire de Coucy, d'Oisy et de
Montmirail, confirme la donation faite à l'église de Pargny

et au chanoine de Saint-Jean-des-Vignes de Soissons qui
dessert cette église, des terres, prés, vignes, et de la maison
avec grange et pourpris, que messire Guy, chapelain de
Pargny, tenait de son vivant. (Janvier 1272, en français.)

343. *Enjourans* (Enguerran), sire de Coucy, de Montmirail et
d'Oisy, confirme toutes les donations que ses prédécesseurs
ont faites à l'abbaye de Longpont, ordre de Cîteaux, diocèse
de Soissons. Parmi les noms des précédents donateurs on
remarque ceux du comte Robert et de la comtesse Yolande,
sa femme, de Mathieu, seigneur de Montmirail, oncle d'Enguerran, et de Marie, mère d'Enguerran. (Avril 1277, en
français.)

344. Simon, abbé de Saint-Crépin-le-Grand de Soissons, pour
récompenser les services que maître Robert de Vailly, chanoine de Soissons, rend gratuitement à l'abbaye, renonce
en sa faveur à tous les droits que possède ledit monastère
de Saint-Crépin, sur une maison située à Soissons dans la
rue des Frères mineurs et qui est occupée par ledit maître
Robert de Vailly. (Janvier 1278, en latin.)

345. Testament original de messire Pierre d'Allemand, chevalier. Après avoir fait un grand nombre de legs aux pauvres
d'Allemand, à l'église du lieu, à divers parents et serviteurs,
à l'abbaye de Prémontré, aux églises et aux hôtelleries
(hôpitaux) de Soissons, il lègue « à un sien ami, ou à un
autre souffischant, vint livres de tournois por aler outre
mer. Adins de Sinceni fera cest voyage se il veut, et de ce
a il quinse jors de consseil. » Il partage ensuite ses biens
entre Renaud, son fils aîné, et Jean, son puîné, et il nomme
pour exécuteurs testamentaires « ses chers amis Monseigneur
Jean Friant d'Espaigni et Monseigneur Gillon de Beauru,
chevalier. » (Avril 1279, en français.)

Allemand, commune du département de l'Aisne, à 5 kilom. de Chavignon,
arrondissement de Laon.

346. Charte chirographaire, par laquelle Jeannin le Bègue et
Colin, son frère, prennent à bail pour six ans un domaine
situé à Acy-en-Multien (janvier 1286, en français).

Très-grande et très-belle charte dont les deux parties, destinées à être séparées, sont encore jointes. Au milieu on lit les mots suivants, écrits en grandes
lettres rouges : « *Cirographe de la maison Nostre-Dame, à Aci.* » L'acte, cor-
rigé en quelques endroits, n'a pas été terminé. Les noms des *pléges* qui devaient
garantir la convention n'ont pas été remplis.

347. Raoul, fils de feu Jean, comte de Soissons, bail et garde
de ce comté pour son neveu mineur, le comte Jean, confirme les donations faites à l'abbaye de Saint-Jean-des-
Vignes de Soissons par Jean de Saponay, fils de feu Guiart
de Saponay, écuyer, et par sa femme Marie, fille de feu
monseigneur Foucart de (*nom effacé*). (1286, en français.)

348. Bernard de Moreuil, chevalier, et Yolande, sa femme,
fille de Raoul de Soissons, chevalier, confirment, comme
seigneur et dame de Vaubuin, les ver*es faites à l'abbaye
de Saint-Jean-des-Vignes de Soissons, par Roger, dit *Pe-
sieres,* de Vieulainnes-sous-Longpont, écuyer, et damoiselle
Marie, sa femme, par Godefroy de Maas, écuyer, et damoiselle Ysabeau, sa femme, par Jean dit *Billi* de Septmonts,
écuyer, et par Simon de Bouloire, écuyer, de divers biens
et fiefs situés à Vieulainnes et à Vaubuin. (Janvier 1289, en
français.)

349. Deux Comptes de Laurent Filleul, collecteur des mains-
mortes et des formariages à Soissons, pour les années 1291
et 1292. Ces deux documents importants et pleins de faits
curieux se divisent ainsi : mains-mortes des hommes du roi ;
mains-mortes ecclésiastiques, dans lesquels le roi prend le
tiers ; formariages des hommes du roi ; formariages des
hommes des églises. Chacun de ces comptes se termine par
un état des dépenses du collecteur (1291 et 1292).

350. Compte de Pierre Le Gras, de la Ferté-Milon, collecteur
des mains-mortes et des formariages dans les diocèses de
Soissons et de Senlis, pour les années 1292 et 1293. Ce
compte, divisé comme les deux précédents (n° 349 [1]),
n'offre pas moins de renseignements intéressants.

351. Le roi Philippe le Bel confirme les diverses acquisitions
faites depuis quarante-six ans par les religieuses de Saint-
Etienne près Soissons. (Janvier 1293, à Saint Germain-en-
Laye, en latin.)

Cette confirmation reproduit textuellement la déclaration détaillée que l'abbesse de Saint-Etienne a donnée des biens acquis par le monastère dans le bailliage de Vermandois et ailleurs. Cette déclaration est en français.

352. Charles, fils du roi de France, comte de Valois, d'Alençon, de Chartres et d'Anjou, reconnaît avoir reçu de l'abbé
et des religieux de Valsery, ordre de Prémontré, diocèse
de Soissons, « sept vingts et quatorze (154) livres parisis »
pour les « nouveaux acquêts » faits par ces religieux dans
le Valois depuis la dernière ordonnance. Ces acquisitions
sont longuement énumérées dans l'acte. Le comte confirme
l'abbaye de Valsery dans la possession de tous ces biens,
se réservant seulement les droits de haute et basse justice.
(1293, le lundi après la Chandeleur, à Paris, en français.)

353. Béatrix de Martimont, abbesse de Notre-Dame de Soissons, et Alix de Saint-Remi, *dame* (supérieure) de l'*hostel-
lerie* (hôpital) de Soissons, confirment l'acquisition faite par
sœur Berthe, converse dudit hôpital, d'un pré à Courmelles
qui lui a été vendu par le maître et les frères « de la ma-
ladrerie Saint-Ladre de Soissons. » (Mai 1294, en français.)

354. Robert du Pressoir et Odeline, sa femme, prennent à ferme, pour six ans, une maison située à Ressons et les terres qui en dépendent (novembre 1294, en français).

Cette charte, très-étendue et d'une belle écriture, est en forme de chirographe; elle n'a pas été achevée. Derniers mots : « De ces convenances tenir et accomplir sont pléges... »

355. Lettres de Philippe-le-Bel reproduisant et confirmant un acte du mardi veille de la Saint-Laurent de la même année, par lequel Evrard Porions et Liziard le Jaune, commissaires du roi pour les finances au bailliage de Vermandois, reconnaissent avoir reçu de l'église et du chapitre de Soissons 212 livres parisis, pour droit de main-morte dû au roi sur ses fiefs et arrière-fiefs acquis par le chapitre, depuis 49 ans, dans le dit bailliage. (Novembre 1295, en latin.)

Ces acquisitions du chapitre de Soissons sont citées en détail ; elles se rapportent à des biens situés à Margival, Sorny, Acy, Bazoches, Villemontoire, Chevreuil et Sept-Monts.
Grande charte, très-bien conservée.

356. Enguerran, sire de Coucy, d'Oisy et de Montmirail, afferme à divers habitants de *Gehangnes* (Jaignes), près de Lizy en *Moncien* (Multien), deux cents arpents de terres et prés situés au territoire de Gehangnes, moyennant une redevance à payer annuellement, tant au sire de Coucy qu'aux religieux de l'abbaye de Longpont, ordre de Cîteaux, diocèse de Soissons (août 1310 ; en français).

Jaignes, commune de Seine-et-Marne, à 4 kilom. de Lizy-sur-Ourq, autrefois Lizy-en-Multien.

357. Gaucher de Chastillon, comte de Porcien, connétable de France, « esmeu par prières de bonnes gens » et à la requête de Pierre de Mais, écuyer, déclare amortir un fief à Bucy-le-Berart, près d'Ouchy-le-Châstel, tenu par ledit Pierre de Guillaume Becart d'Ancienville, et mouvant de Gaucher de Chastillon en arrière-fief (2 novembre 1311, en français).

358. Enguerran de Guines, sire de Coucy et de Montmirail, pour le repos de son âme et de celle de Crestiane, sa femme, confirme aux religieux de Saint-Jean-des-Vignes les dons que ses prédécesseurs leur ont faits depuis quarante ans « à cause de leur grangerie de Montlevon », et déclare amortir en leur faveur les biens donnés et ceux que l'abbaye a acquis au territoire de Hertonges. (Février 1318, en français.)

359. *Esture* de Brétigny, dame de Lessart, déclare que l'abbé et les religieux de Saint-Jean-des-Vignes de Soissons, possèdent, de temps immémorial, trois *aissins* de blé de rente annuelle sur les dimes de Monsaing appartenant à ladite dame. (Octobre 1323, en français.)

360. Le roi Charles IV ordonne au bailli de Vermandois de connaître du refus que ferait le prévôt royal de Soissons de prêter serment, dans l'église de Saint-Gervais de cette ville, entre les mains de l'évêque et du chapitre ; ce prévôt est tenu à ce serment, comme le maire et les échevins, sous peine d'une amende de 65 livres envers l'évêque et de 40 livres envers le chapitre. (7 décembre 1326 à Royaumont, en latin.)

361. Jean, sire de Chastillon et de Gandelus, queux de France, et Eléonore de Roye, sa femme, confirment les donations faites par leurs prédécesseurs au prieuré de Saint-Nicolas de la Ferté-Ancoul (la Ferté-sous-Jouarre), dépendant de l'abbaye de Saint-Jean-des-Vignes de Soissons. (22 février 1331, en français.)

362. Jehan de Sempi, bailli de Senlis et de Valois, sur la plainte du chapitre de Soissons, signifie à Oudart le Mareschal, sergent de la prévôté de Pierrefonds, qu'il ait à donner main levée de la saisie faite à la requête de Guillaume Besquart, écuyer, de certains fours construits à Ambleny, en la justice du chapitre. (1332, le samedi avant la Saint-André, en français.)

Au dos de cette pièce est une lettre missive d'Oudart Le Mareschal à Jehan de Sempi, relative à la même affaire.

363. Par-devant Jean le Sauvage, garde du scel de la prévôté de Pierrefonds, « damoiselle Jehanne de Chastel, jadis fame de sage et discret homme maistre Raoul de Praelles, conseiller de nostre seigneur le roy de France et seigneur de Lizi, » promet d'exécuter et *assouvir* (accomplir) les obligations qu'elle a contractées, par un précédent acte, envers l'église de Saint-Jean-des-Vignes de Soissons. (1335, en français.)

Cette charte a de l'intérêt parce qu'elle fait connaître le nom de la femme de Raoul de Presles, secrétaire de Philippe le Bel, qui, accusé d'avoir voulu empoisonner le roi, démontra son innocence, et qui fut le fondateur du collége de Presles, à Paris. On sait que ce Raoul eut pour fils un autre Raoul de Presles, maître des requêtes du roi Charles V, traducteur de la *Bible* et de la *Cité de Dieu*, auteur d'un *Traité de la puissance ecclésiastique et séculière*, et qui passe pour avoir écrit le *Songe du Verger*.

364. Par-devant le garde du scel de la prévôté d'Ouchie (Oulchy-le-Château), Jeanne de Chastel, « jadis femme de sage homme et discret maistre Raoul de Praelles, conseiller de nosseigneur le roy de France, et seigneur de Lizi, » s'engage à accomplir les obligations qu'elle a contractées, par un précédent acte, envers les religieux de Saint-Jean-des-Vignes de Soissons. (1335, en français.)

Voir la note de la charte précédente souscrite également par Jeanne de Chastel.

365. Lettres du roi Philippe de Valois au bailli de Senlis relatives à une contestation que l'abbesse et les religieuses de Notre-Dame de Soissons avaient avec le châtelain de Viviers et le concierge de Villers, au sujet d'un « *pourcel sauvaige* » que ces religieuses avaient fait prendre dans les vignes de Ressons-le-Long, et qu'on les avait forcées de « rétablir entre les mains dudit concierge. » (30 septembre 1346, en français.)

366. Lettres de Louis de Chastillon, comte de Blois et de Soissons, qui nomme Warin, seigneur de Bécond, chevalier, gouverneur desdits comtés, aux gages de 200 livres par an (1354). — *Parch.*

367. Acte de vente d'un bois situé près de Ciry (Soissonnais), par Bernard de Riencourt, écuyer, au profit de Blanche de Hallecourt, religieuse de Notre-Dame de Soissons (1390). — *Parch.*

368. Isabelle de Châtillon, abbesse de Notre-Dame de Soissons, donne quittance d'une rente viagère constituée à sa cousine, Marie de Châtillon, religieuse, par Monseigneur de Châtillon, seigneur de Gandelu ; ladite rente assise sur la terre de Gandelu appartenant à présent à M. le duc d'Orléans. (22 décembre 1410.)

369. Quittance de Pierre de Pacy, dit le Besgue, chevalier, concierge de Villers-Cottcrets, d'une somme de 19 livres 16 sols parisis, pour ses gages à raison de deux sols par jour. (8 nov. 1411). — *Parch., signé.*

370. Henri VI, roi de *France* et d'Angleterre, autorise le chapitre de Saint-Vaast de Soissons à faire citer devant le bailli de Senlis les religieux de l'abbaye de Longpont, diocèse de Soissons, au sujet du payement d'une rente. (31 juillet 1424, à Paris, en français.)

371. Charles de Pacy, écuyer, seigneur dudit lieu et de Nanteuil-le-Haudouin, capitaine de Pierrefonds, reçoit 30 livres tournois pour un an et demi de ses gages à cause de ladite capitainerie. (*Or. signé*). — 24 juin 1428.

372. Rôle des exploits et amendes, par Guillaume de Monceau, pour madame d'Orléans, Milan et de Valois : Dame Paillete ; Jean de Laval ; — Pierre Constant ; — Pierre le Boucher ; — Jean Larde ; — Pierre Bernard ; — Jean Vaillant ; — — Adam Binaut ; — Jean Morel ; — Girardin Orcelin ; — — Pierre le Madier ; — Patouflet le Galois, etc. (3 février 1465). — Villers-Cotterets.

373. Quittance de 20 sous parisis donnée par-devant le bailli de la cour de Soissons par Colin Despretz à Regnault Lepeu, receveur de ladite cour (22 novembre 1478).

374. Honorable homme Regnault Lepère, receveur du domaine de la duchesse d'Orléans, à Soissons, demeurant à la Ferté-Milon, donne pouvoir à trois personnes de se transporter auprès de MM. les auditeurs des comptes de la duchesse pour y rendre en son nom les comptes de sa recette (1er décembre 1478).

375. Lettres de Hugues Alversuin, bailli de Soissons, pour la duchesse d'Orléans, par lesquelles il appert qu'en un certain procès intenté par les procureurs dudit comté, contre les bouchers de Soissons, une enquête a été faite par deux clercs qui ont reçu leur salaire des mains de Regnault Lepeu, receveur de Soissons (1478).

376. Par-devant Jean Lecouvreur, tabellion royal à Compiègne, noble Jean de la Blandinière, seigneur de la Touche et d'Arvillier-en-Sangters (sic), écuyer d'écurie du roi, et Blanche de Sains, sa femme, reçoivent de Gilles d'Oignies, seigneur de Chaulle, le remboursement d'une rente foncière constituée le 12 décembre 1412 à Guy des Prés, écuyer, par Marie de Cramailles, dame de Boisy et de Chaulle, et son fils Henri de Boisy, chevalier, chambellan du roi, époux de Marguerite de Mailly (22 août 1479).

377. Jean Rolin, cardinal, évêque d'Autun, accorde, en vertu des pouvoirs spéciaux qu'il a reçus du souverain Pontife, certaines indulgences aux fidèles qui visiteront la chapelle conventuelle du prieuré de Plain-Chatel, ordre de Saint-Benoît, diocèse de Soissons, ou aideront aux réparations à faire à cette chapelle. (30 mai 1481, en latin, à Paris.)

378. Lettres du roi François Ier, au bailli de Vitry, relatives à un procès entre Nicole Chibost, curé de Nogentel, et l'abbaye de Notre-Dame de Soissons. (4 novembre 1528.)

379. Le roi François Ier, à la prière de sa chère et bien-aimée cousine Louise de Bourbon, abbesse de Fontevrauld, mande aux conseillers de son grand Conseil de se prononcer sur l'exécution d'un bail de 99 ans, que le procureur du prieuré du Charme en Soissonnais, membre dépendant de Fontevrauld, avait faite de certaine terre et cense appelée Clinchamp. (12 mars 1542, à Paris.)

380. Rôle des « parties et sommes » d'une vente de bois en la forêt de Cuise (de Compiègne), ordonnée par Pierre le Clerc, conseiller en la table de marbre, et Noël Gambier, seigneur de Saint-Martin-sous-Aronde, commissaires députés par le roi (8 janvier 1556).

381. Acte d'ensaisinement d'une maison sise à Compiègne, par suite d'une donation faite par Louis Dognies, seigneur de Chaulnes, à son fils aîné (1560). — *Parch.*

382. Le bailli de la seigneurie de Varesnes, pour haut et puissant seigneur François de Barbanson, chevalier, seigneur de Cany et dudit Varesnes, mande au procureur fiscal de cette seigneurie d'assigner les possesseurs d'un fief situé à Béthencourt, pour les obliger à faire aveu et dénombrement au seigneur de Varesnes (1er août 1562).

383. Lettres du roi Charles IX, accordant à son bien-aimé Antoine de Gonnelieu, seigneur dudit lieu, capitaine du château de Pierrefonds, son chauffage dans la forêt de Retz « pour le nombre de trois chemynées, l'une pour sa chambre, l'autre pour sa cuisine et la troisième pour le portier dudit chasteau. » (13 août 1566, à Villers-Cotterets.)

384. Jérôme de Montuelle, écuyer, demeurant à la Ferté-Milon, donne quittance au receveur des aides à Soissons des arrérages d'une rente (18 octobre 1577). — *Sign.*

385. Quittance de Jean Longueval, sieur de Mont-Geroull, capitaine de Villers-Cotterets, aux prévôt et échevins de la ville de Paris, pour 12 écus 1 tiers et 10 sous sur les fermes des aides. (21 février 1578.)

386. Acte de réception de maître Jacques de Tournay, en l'office de prévôt royal et juge ordinaire en la ville et prévôté de Soissons, en vertu des provisions de S. M. (13 mars 1587).

387. Montre et revue faite à Soissons, de 35 fantassins, sous la charge d'Antoine de Longeville, capitaine (1er septembre 1611).

388. Montre et revue faites à Pierrefonds, sous la charge de Jean Belot, commissaire des guerres, et Charles de Sorel, capitaine de ladite compagnie de soixante hommes à pied. (27 mars 1617).

389. Quittance de Claude Giroult, président et trésorier général à Soissons, d'un quartier de rente sur l'hôtel de ville de Paris (1624). — *Signé.*

390. Quittance d'Ysabel Lesné, veuve de Pierre de Bermond, conseiller et trésorier général à Soissons, d'un quartier de rente sur l'hôtel de ville de Paris (1624). — *Signé.*

391. Quittance de Claude Vizé, sieur d'Arceul, secrétaire du roi, trésorier général à Soissons, héritier de Charlotte Merle, sa mère, d'un quartier de rente sur l'hôtel de ville de Paris (1624). — *Signé.*

392. Quittance de Jacques Poulletier, conseiller du roi et élu assesseur en l'élection de Compiègne, d'une somme de 450 livres, reçue de Charles Martin, receveur des tailles de ladite élection, pour ses gages et ses droits de chevauchée pendant un an (1627). — *Signé.*

393. Louis Noël, écuyer, sieur de la Bone, demeurant à Montgobert, près Soissons, comme tuteur des enfants mineurs de messire Robert de Joyeuse, chevalier, baron de Verpel, et de dame Judith Hennequin, donne quittance d'une rente constituée sur l'hôtel de ville de Paris (3 octobre 1629).

394. Quittance de Charles de Fiennes, chevalier de l'ordre de Saint-Jean de Jérusalem, vicomte de Feuger, d'une somme de 800 livres, reçue du trésorier de l'épargne, pour un voyage, fait par ordre du roi, de Paris à Compiègne et retour (1631). — *Signé.*

395. Quittance de François-Annibal d'Estrées, lieutenant-général au gouvernement de l'Ile-de-France, gouverneur des ville et citadelle de Laon, maréchal de France, d'une somme de 738 livres, reçue du trésorier de l'épargne, en remboursement de pareille somme qu'il avait avancée à un lieutenant et douze gardes que le roi lui avait ordonné de prendre, pendant les deux mois qu'il était resté à Compiègne près de la reine-mère (1631). — *Signé.*

396. Quittance de Charles Sanguin, conseiller et maître d'hôtel du roi, de 500 livres, pour avoir conduit la princesse de Conti de Compiègne à Eu (1631). — *Signé.*

397. Quittance de Robert Gigon, sieur de Lépine, demeurant ordinairement à la suite du roi, d'une somme de cent livres, pour les frais d'un voyage de Compiègne à Paris et retour, fait par ordre du roi (1631). — *Signé.*

398. Quittance de Robert Desperroys, écuyer, sieur des Vaulx, exempt des gardes du corps du roi, d'une somme de 240 livres, reçue de Macé Bertrand, sieur de la Bazinière, trésorier de l'épargne, pour les frais de deux voyages faits à Compiègne par ordre du roi (1631). — *Signé.*

399. Quittance de Charles Le Cordelier, sieur de la Grange, d'une somme de 240 livres, reçue du trésorier de l'épargne, pour les frais de deux voyages faits de Compiègne à Paris, par ordre du maréchal d'Estrées (1631). — *Signé.*

400. Quittance de Jacques de Belzunce, capitaine, d'une somme de 1100 livres, reçue du trésorier de l'épargne, pour les frais d'un voyage fait par ordre du roi, du camp de Rivolle à Compiègne (1631). — *Signé.*

401. Quittance de Jean de Gaurault, sieur du Mont, d'une somme de 120 livres, reçue du trésorier de l'épargne, pour être venu de Compiègne à Paris, apporter des dépêches du cardinal de Richelieu (1631). — *Signé.*

402. Quittance de Raymond de Comblat, écuyer, capitaine au régiment de Picardie, d'une somme de 450 livres, pour les

frais de trois voyages faits par ordre du roy, de Paris à Compiègne (1631). — *Signé.*

403. Quittance de Jeanne Philippes, veuve de Jacques Benoise, conseiller du roi et trésorier ...éral de France à Soissons, pour trois quartiers de rei ...ə constituée sur les aides de l'élection de Soissons (1632). — *Signé.*

404. Quittance de rente sur les aides de la généralité de Soissons, donnée à Thomas Grouin, par Christophe de Vresles, écuyer, sieur de La Motte (15 janvier 1637).

405. Montre et revue faite à Soissons par Claude Le Grand et Jean Baroux, de 39 cavaliers du régiment d'Orléans, sous la charge du capitaine François de Fontanges d'Aubervecqué (12 juin 1646).

406. Rôle de la revue faite près de Soissons, le 17 juin 1646, par Claude Le Grand et Jean de Raroux, commissaires des guerres, à 40 hommes de guerre à cheval, commandés par le chevalier de la Feuillade, capitaine au régiment de cavalerie de monseigneur le duc d'Orléans, pour servir de quittance au trésorier général des guerres, qui a payé les sommes dues à ladite compagnie (17 juin 1647). — *Signé.*

407. Ordre royal signé Louis, au trésorier de l'épargne Nicolas Jeannin, de payer 3,000 livres au sieur Chevré. (Dernier mai 1649.)

408. Quittance de Françoise Forain, femme de Philippe Bérault, maître d'hôtel du roi et trésorier général en la généralité de Soissons, comme fille et héritière de feu Nicolas Forain, contrôleur des guerres, et de feue Nicole Pithou, d'un quartier de rente sur l'hôtel de ville de Paris (1650). — *Signé.*

409. Quittance de Jean-Alexandre, procureur, Henri Catherin, baron de Bazin, vicomte de Fresne, bailli de Soissons, pour 13 livres tournois (15 juillet 1654).

410. Lettres de Hiérosme de Nouveau, seigneur de Fromont, conseiller du roi en ses conseils, grand-maître des courriers et surintendant général des postes et relais de France, qui, d'après la déclaration du roi pour la création, dans toutes les généralités, de commis à la visite des postes, nomme François Chapperon commis en la généralité de Soissons (1656). — *Signé.*

411. Acte notarié d'amortissement d'une rente sur l'hôtel de ville de Paris, au profit de Nicolas-Louis de Bourbon, maître en la chambre des comptes, neveu et donataire de l'évêque de Soissons (1681). — *Parch. Signé.*

412. Acte notarié d'amortissement d'une rente sur l'hôtel de ville de Paris, au profit de Jean-Mathieu Jolly, chanoine de l'église de Soissons (1681). — *Parch.*

413. Acte notarié d'amortissement d'une rente sur l'hôtel de ville de Paris, au profit de Emery-Simon de Tize, écuyer, seigneur d'Arcueil, fils mineur de Simon de Tize, président des trésoriers de France, à Soissons (1682). — *Parch.*

414. Constitution de rente en faveur de damoiselle Marguerite de Heere, demeurant à Paris, faite par messire François-Louis de Lameth, sénéchal, chevalier, seigneur de Bucy-le-Long, près de Soissons, de Presle, en Brie, et autres lieux (9 janvier 1686).

415. Rôle de réformation et de modération des sommes dues par les engagistes des domaines, en conséquence de l'édit de 1708, pour les généralités de Châlons, Lyon et Soissons (5 décembre 1713).

416. Observations pour servir à l'état des finances pour l'année 1734, rédigées et signées par les présidents trésoriers généraux en la généralité de Soissons (1735). — *Pap.*

417. Par-devant notaires, messire Jacques-Louis-François Roussel, chevalier, seigneur de Bouillancourt, conseiller au parlement, donne procuration à messire Lallemant de Nantouillet, receveur général des finances à Soissons, de recevoir de messire Alexandre-Louis Lambert, chevalier, seigneur de Thorigny, capitaine de cavalerie au régiment du Maine, le remboursement de 500 livres de rente au principal de 10,000 livres (18 juin 1737).

418. Copie légalisée de diverses pièces relatives à une rente constituée sur les aides, appartenant à l'église et fabrique de Sainte-Croix de Viels-Maisons-le-Vidame, diocèse de Soissons, avec procuration donnée par les curé et marguilliers de ladite église à messire Jean-Baptiste Le Chaulve, prêtre, docteur en théologie, demeurant à Paris, pour toucher les arrérages de ladite rente (8 avril 1744).

419. Commission donnée par le roi, à la requête de plusieurs cohéritiers, au premier huissier de la cour, d'assigner devant le parlement les curé et marguilliers de la paroisse de Nogentel, qui seront tenus de faire leurs déclarations et affirmation sur les oppositions de saisies et arrêts faites entre leurs mains sur Jean-Baptiste François, ancien curé de ladite paroisse, sous peine, s'ils ne le font, de payer les sommes dues aux suppliants. (Arrêt du conseil. — 19 avril 1758.)

VIII. LAONNOIS.

420. H. (Hugues), abbé de Prémontré, déclare que Hadvide
(*Hadvidis*), dame d'Attichy, « amie et bienfaitrice de ce
monastère, » a fait remise à G. (Gozlin), évêque de Soissons,
de l'église et de la dîme d'Attichy, qu'elle tenait en fief du
roi de France, en priant instamment cet évêque d'en faire
don aux moines et aux religieuses (*fratribus et sororibus*)
servant Dieu dans ladite abbaye, et que l'évêque de Soissons
a bien voulu accéder à ce vœu, avec le consentement du
roi Louis le père (Louis VI, dit le Gros) et du roi Louis le
fils (Louis VII, le Jeune), parce qu'il s'agissait d'un fief
royal, et encore avec l'approbation de Roger, mari d'Hadvide, de Mathieu, son neveu, seigneur de Montmorency, et
de Guy, frère d'Hadvide. Mais l'abbé de Prémontré, crai-
gnant de conserver la cure d'Attichy, dont il aurait à rendre
compte à Dieu, en fait abandon à l'évêque de Soissons qui
la réunira à sa mense épiscopale à la condition toutefois
que le produit des anniversaires, des offrandes et des dîmes
sera partagé entre l'église de Soissons et le monastère de
Prémontré. Il est convenu aussi que les terres de la même
paroisse d'Attichy données antérieurement par Hadvide à
l'abbaye d'Ourcamp (*Ursicampi*) seront exemptes de toute
dîme. Témoins : Simon, évêque de Noyon; Barthélemy,
évêque de Laon; Waleran, abbé d'Ourcamp; Pierre, abbé
de Braine; Adélard et Gautier, archidiacres de Soissons;
Normand, chapelain; Jean et Arnoul. (1137. Epacte 26,
Concurrent 4, Indiction 25; en latin.)
— Lettres de Gozlin, évêque de Soissons, reproduisant les
faits exposés dans la charte précédente et déclarant accep-
ter la cure d'Attichy. (1137, la XIe année de l'épiscopat de
Gozlin; en latin.)

Ces deux pièces, attachées ensemble, sont d'une très-bonne conservation;
elles offrent beaucoup d'intérêt pour l'histoire de l'abbaye chef d'ordre de Prémontré et pour celle de la maison de Montmorency.

421. Lettres de Barthélemy, évêque de Laon, adressées à
Brunon, abbé de Notre-Dame de Nogent, contenant la sen-
tence prononcée par cet évêque et par Gozlin, évêque de
Soissons, sur le différend qui s'était élevé entre l'abbaye de
Nogent et l'abbaye de Prémontré, au sujet de l'église de
Coucy-la-Ville et de la chapelle de Rosières. (1141, à Laon.
En latin.)

L'abbaye de Nogent-sous-Coucy, de l'ordre de Saint-Benoit, avait été fondée
au xie siècle par Albéric, sire de Coucy.

422. Gautier, évêque de Laon, accorde le différend qui
s'était élevé entre l'abbaye de Vauclair, d'une part, et

Mathieu de *Buffinonriu* et ses beaux-fils, d'autre part, au sujet du bois de *Roisolmont*. Maître Ysenbard, Hugues de Provelu (*de Proveleus*) et Philippe de Neufchâtel se portent caution des engagements pris par Mathieu et ses beaux-fils (1169, en latin).

Le nom de *Buffinonriu* est écrit au dos de la charte sous sa forme latine de *Buffigni rivo*. Il s'agit sans aucun doute de Boufignereux, commune de l'arrondissement de Laon, canton de Neufchâtel (Aisne).
Très-belle charte, bien conservée.

423. Gautier, évêque de Laon, déclare que l'abbaye de Vauclair possédait, depuis plus de quinze ans, deux cultures, l'une à l'Epine de Vassogne (*ad Spinam Vassonie*), l'autre entre Luy et Paissy, qui lui avaient été données par Ansel de Montaigu et sa femme Matilde ; que Pierre de Braine, fils des donateurs, après avoir contesté aux religieux la propriété de ces cultures, s'est désisté de sa réclamation, et a abandonné à l'abbaye la libre possession de ces biens, en présence de Robert, doyen de Laon, d'Ansel, doyen de Cerny, de Pierre de Courville, de Philippe, autrefois abbé de l'Aumône, de Robert de *Croane* (Craone), chevalier ; de Hardouin Capez et de Thomas de Moulins. Agnès, sœur de Pierre de Braine, a confirmé cette convention, en présence d'Ansel, doyen de Cerny, de Pierre de Courville, de Guy *Pié-de-leu*, et de Gautier de Braine (1173, en latin).

Belle charte originale, d'une parfaite conservation.

424. Charte de Roger, évêque de Laon, constatant les conventions intervenues entre les religieux de Vauclair et Pons de Coucy, chevalier, au sujet du droit de pâturage concédé à cette abbaye par les prédécesseurs de Pons sur le territoire d'Amifontaine. Ces conventions sont approuvées par Jean, frère de Pons de Coucy, par Gertrude, mère de celui-ci, et par sa femme Mathilde (avril 1181, en latin).

Très-belle charte, bien conservée.

425. Sous un vidimus de Roger, évêque de Laon, charte de H. abbé de Saint-Martin de Laon, concédant au chanoine Jean, neveu de L. jadis doyen du chapitre de cette ville, sa maison de *Morosies* (*Morolziis*) avec ses dépendances, à titre de bail à vie, moyennant un cens annuel et à certaines autres conditions énumérées dans l'acte.

Le vidimus de l'évêque de Laon est daté de l'an 1193, ainsi que la charte de l'abbé de Saint-Martin.

426. Charte de Hugues, abbé de Saint-Vincent de Laon, contenant les conditions de l'accord fait entre son abbaye et Bernard de la Ferté, prêtre, au sujet de deux maisons situées à la Ferté, et qui appartenaient au monastère. Cette

transaction a eu lieu sur l'avis de l'abbé de Saint-Remi et du doyen de l'Eglise de Reims, arbitres nommés par le pape (s. d., XIIe siècle, en latin).

Charte chirographaire, très-belle et très-étendue.

427. Nicolas de Rumigny déclare à W..., archevêque de Reims, légat du Saint-Siége, et certifie comme véritable, que les territoires de Watignies et de Villers et celui d'Aigny, où se trouve le bois en litige entre les abbayes de Saint-Michel et de Foigny, sont sous sa protection et son avouerie. Il ajoute que son grand-père, nommé aussi Nicolas, a donné aux religieux de Foigny la moitié d'un bois à Aigny, moyennant une redevance de cinq muids de froment, et que lesdits religieux en ont joui paisiblement depuis cette époque. (S. d., (XIIe siècle; en latin.)

428. Raoul, abbé de Vaucler, expose les conditions convenues entre lui, avec l'assentiment de son chapitre, et Roger, fils de *Machan* (*Machani*) de Roucy, au sujet de certains domaines situés à *Thoeni* et à Chaudarde (*in territorio de Caldardria*) (s. d., fin du XIIe siècle).

Très-belle charte, d'une parfaite conservation.

429. Gautier, seigneur d'Avesnes, confirme la donation faite à l'abbaye de Foigny par Jean, prévôt de Chimay, de tout ce qui lui appartenait dans la dîme de *Lescheries* (*de Lescheriis*), à laquelle donation Gui de Landifay (de *Landier Fageto*), seigneur du fief, avait donné son assentiment. Gautier d'Avesnes confirme lui-même cet acte, parce que les biens donnés sont soumis au fief de sa mère, et il promet de garantir ces biens à l'abbaye aussitôt qu'il sera en possession de l'héritage maternel. Témoins : Gosuin de Waurin, Godefroy de Seins; Richer de l'Epinoy, Jean de Seguncourt et Wautier son frère; Wautier de Proisy. (1200, à Oisy; en latin.)

430. Enguerran de Coucy, comte du Perche, donne à son amé et féal Raoul du Sart, en augmentation de son fief, tous les bois qui, après une longue contestation entre ces deux seigneurs, avaient été déclarés appartenir à Enguerran, notamment la forêt de *Truengny*, le bois de Gautier Couvout, de Thomelle, le bois de la Tronquoie, qui est au chaud four de Santigny, et plusieurs autres énumérés dans l'acte. Le sire de Coucy se réserve seulement le droit de chasse dans ces bois. En reconnaissance de cette donation, Raoul du Sart déclare placer sous la juridiction d'Enguerran et tenir de lui en fief sa terre de *Rogiercort* et le village du Sart, à l'exception de ce qu'il tient déjà de l'abbaye de Saint-Vincent de Laon (1204, en latin).

431. R., évêque de Laon, atteste qu'en sa présence Richer, fils de Gui de Chaudarde, a fait remise et donation à l'abbaye de Vaucler d'une redevance de blé qu'elle était tenue de lui payer à cause de la portion que ce monastère possédait dans le bois appelé la Chesnaie-Odon ou le bois Nicolas. Cet acte, qui comprend encore diverses autres stipulations, est confirmé par Odon, fils de Rasson du Tour, Pierre de Chaudarde, prêtre, et Milon de Chaudarde, tous deux frères de Richer, et par Garnier de *Rawez*, de qui relevait le fief (1209, en latin).

432. Gautier, seigneur d'Avesnes et de Guise, fait un accord avec l'abbaye de Prémontré, pour la fondation d'un village libre (*liberam villam*) à Hannapes, sur un territoire appartenant à l'abbaye. Ils fixent la quantité de terre qui sera livrée à chacun de ceux qui viendront habiter la nouvelle commune, et le cens qu'ils auront à payer. Il y aura un marché tous les jeudis. La commune sera régie par la loi de Laon, à l'exception d'un seul point : on ne pourra, pour quelque crime que ce soit, ordonner la démolition d'une maison. Le sire d'Avesnes et de Guise partagera avec l'abbé de Prémontré la justice sur les habitants. Il ne pourra les conduire à la guerre si ce n'est pour défendre la terre de Guise ou le Vermandois. Un maire et des échevins seront institués et jureront fidélité au sire d'Avesnes et de Guise et à l'abbé de Prémontré. (Décembre 1210, en latin.)

On trouve dans cette charte, qui est très-longue, beaucoup d'autres dispositions intéressantes pour l'étude du droit communal et des usages du moyen âge.

Gautier d'Avesnes déclare que ses successeurs, comme seigneurs de Guise, seront à jamais associés et copartageants avec les abbés de Prémontré dans la seigneurie d'Hannapes. Il jure d'observer cette convention, que sa femme Marguerite, comtesse de Flandre et de Hainaut, promet aussi d'exécuter.

Magnifique et importante charte, d'une belle conservation.

433. Milon, seigneur de Sissonne (*de Sessonia*), déclare que les religieux de Vauclers ayant renoncé au droit que son père Guillaume leur avait accordé de faire paître leurs bestiaux dans ses bois, il leur donne, pour les dédommager de cette renonciation, 27 setiers de blé, mesure de Sissonne, à prendre chaque année à Amifontaine (*apud Amyam*), plus 20 setiers en compensation d'un droit semblable dont ils jouissaient dans un bois vendu depuis, par ce seigneur, aux religieux de Val-Roi (*Vallis-Regis*). En outre, et pour le remède de son âme, Milon fait don aux moines de Vauclers de 20 sous de rente à prendre sur le revenu de son village de... (*in villa mea Franceoise*). Il fait promettre à ses échevins Hellin et Michel et à son maire Juliard de payer exactement cette rente, et il jure lui-

même, avec sa femme Agathe, d'observer toutes ces conventions (1212, en latin).

Charte chirographaire d'une très-belle écriture et d'une parfaite conservation.

L'abbaye de Vauclers, ou plutôt Vauclair, de l'ordre de Cîteaux et de la
congrégation de Clairvaux, était située à 3 lieues de Laon. Elle avait été fondée
en 1134 par les comtes de Roucy. L'abbaye de Val-Roi, dans le Rhételois, en
Champagne, près des confins de la Thiérache, était aussi de l'ordre de Cîteaux, et devait également sa fondation au comte de Roucy, Jean Hugues, en
1149.

Nous croyons que Milon de Sissonne était de la famille de Roucy. Cette
charte peut servir, dans tous les cas, à compléter la généalogie des seigneurs de
Sissonne, dont le P. Anselme n'a donné que des fragments.

434. Albéric, archevêque de Reims, déclare qu'en sa présence
Injorran (*Injorrannus*) et Aubert de Corcelles, ainsi que
Milon leur frère, ont vendu aux religieux de l'abbaye
de Foigny, pour le prix de 55 livres, monnaie de Laon,
certaines redevances de vin et d'avoine que ces religieux
avaient à leur payer chaque année. Au moyen de cet ar-
rangement, qui est approuvé par Raoul et Robert, prê-
tres, frères desdits Injorran, Aubert et Milon de Corcelles,
les contestations qui s'étaient élevées entre les parties demeurent éteintes. (Juillet 1214; en latin.)

435. Odo, fils d'Agathe de Brissy (*de Brissiaco*), déclare, en
présence de l'official de Laon, qu'il renonce en faveur de
l'église de Laon à tous les droits qu'il pouvait avoir sur la
maison, les terres et les prés de Brissy. (1216, au mois de
juin; en latin.)

Brissy, commune du département de l'Aisne, à 9 kilom. de La Fère.

436. Hugues, seigneur de Guny, permet aux religieux de l'abbaye de Frémontré, pour faciliter l'exploitation de leur
moulin de Bailleul et le passage des bateaux qui remontent
et descendent la rivière de l'Oise, de creuser un fossé dans
sa terre jusqu'à la terre de Gobert de Cherisy. (Décembre
1216; en latin.)

437. Bulle du pape Honorius III, adressée à l'archevêque de
Reims et à ses suffragants, en faveur de l'abbaye de Foigny,
de l'ordre de Cîteaux, au diocèse de Laon. (A Rome, au
mois de décembre, l'an 1er du pontificat d'Honorius III,
1216.)

Le Souverain Pontife déplore le peu d'effet des censures de l'Église et des
sentences canoniques; il voit avec douleur que les religieux, surtout ceux qui
ont reçu des priviléges spéciaux du Saint-Siége, sont en butte aux injures et
aux rapines. Les moines de Foigny, en particulier, se plaignent d'être exposés
aux attaques des malfaiteurs, sans pouvoir obtenir justice. Le Pape ordonne,
en conséquence, aux prélats du diocèse de Reims de punir quiconque oserait
troubler les religieux de cette abbaye dans leurs possessions, retenir injustement les biens qui leur ont été légués, extorquer leurs dîmes, ou prononcer

contre eux des sentences d'excommunication ou d'interdit, au mépris des priviléges apostoliqu s. Si les coupables sont laïques, ils devront être, après un
premier avertissement, excommuniés publiquement, cierges allumés (*candelis
accensis*); s'ils sont ecclésiastiques, ils encourront la suspension de leurs offices et bénéfices (*ab officio et beneficio*), jusqu'à ce qu'ils aient pleinement
satisfait lesdits religieux. Les villages où seraient situés les biens violemment
enlevés à l'abbaye seront frappés d'interdit tant que l'usurpation subsistera.

Pièce importante, d'une très-belle conservation.

438. L'abbé de Saint-Aubert de Cambrai, le prieur du même
monastère et maître C., chanoine de Notre-Dame de Cambrai, décident, comme arbitres nommés par l'autorité
apostolique, le différend survenu entre l'abbaye de Vaucler
et Joisbert d'Ouche, chevalier, au sujet d'une vente de
quatre maisons situées à Ouche (1218, en latin).

Magnifique charte originale, d'une parfaite conservation.

439. Haton, abbé de Thenailles, et Arnoul, abbé de Bucilly,
arbitres d'une contestation survenue entre l'abbaye de Foigny et Eustache, prêtre d'Any, au sujet de la dîme d'un
bois appartenant à Jean de Housel, chevalier, et situé au
territoire d'Any, déclarent que ledit Eustache a renoncé à
toutes prétentions sur cette dîme. (Mars 1220; en latin.)

440. Evrard Rodols, châtelain de Tournay et seigneur de
Mortagne, accorde au monastère de Vaucler, ordre de
Cîteaux, l'exemption de tout droit de péage et de winage
(*pedagio et winnagio*) dans toutes ses terres (1220 en latin).

Charte d'une parfaite conservation.

441. Charte d'Anselme, évêque de Laon, constatant que
Baudouin, clerc, fils de Witier *de Swegl*, chevalier, a
donné en aumône et pour le repos de l'âme de ses ancêtres, à l'abbaye de Vauclair, tout ce qui lui appartenait
dans la dîme d'Amie (Amifontaine). Jean, frère de Baudouin, a approuvé cette donation, qui a été également
confirmée, devant l'évêque, par Milon de Chaudarde (*de
Caldardria*), chevalier, seigneur du fief dont cette dîme
dépendait (juin 1221, en latin).

Amifontaine et Chaudarde sont deux communes du département de l'Aisne,
situées près des limites du département de la Marne.

442. Erard, seigneur de Château-Portien, et sa femme Agnès,
confirment les donations que Gui, seigneur de Hauteville,
chevalier, et son frère Jacques, chevalier, seigneur de Hauteville après lui, ont faites, à l'abbaye de Cuissy, de divers
biens et notamment du moulin de Hauteville. Erard donne
cette confirmation comme possesseur du fief duquel relèvent les biens (juin 1223, en latin).

Cette charte est très-détaillée. Les conditions de la donation présentent des
particularités intéressantes.

Cuissy était une abbaye régulière de l'ordre de Prémontré, dans le Laonnais, à 5 lieues de Laon. Elle avait été fondée en 1117.

443. Charte de Gautier d'Avesnes, comte de Blois, confirmant la vente faite par son vassal, Gilles d'Estrées, chevalier, à l'abbaye de Foigny, d'un bois situé à Estrées, et la donation au même monastère, par ledit chevalier, d'un pré situé à Aubenton, près de l'église. Cette donation est également approuvée par Elisabeth, femme de Gilles d'Estrées. (Novembre 1224 ; en latin.)

Magnifique pièce originale, admirablement conservée.

444. Rescrit du pape Grégoire IX, enjoignant au chapitre de Laon de lever l'excommunication qu'il avait portée sans cause raisonnable et sans avertissement préliminaire, contre G. vidame de Laon. (Octobre 1230, à Pérouse, en latin.)

Pièce historique importante et d'une belle conservation.

445. Anselme, évêque de Laon, confirme la vente faite à l'abbaye de Foigny par Gepuinus, de Rott, près Montcornet, et Houdiarde, sa femme, d'une rente de trois muids de blé d'hiver à prendre sur la dîme de Plomion. (Mars 1232 ; en latin.)

Très-belle charte, parfaitement conservée.

446. Bulle du pape Grégoire IX donnant commission au doyen de Meaux de contraindre les chapelains de l'église de Laon qui refusaient d'assister aux offices. (Janvier 1233, à Anagni ; en latin.)

447. Par-devant Simon Pied-de-Loup (*Pes Lupi*), chanoine, et maître Jean de Blois, official de Reims, Agnès, veuve de Thomas Bovel, bourgeois de Laon, et actuellement remariée à Robert Lelarge, bourgeois de Reims, reconnaît et confirme la donation qu'elle a faite à l'église de Saint-Pierre-au-Marché, à Laon, d'un grand nombre de biens situés en divers lieux de Picardie et qui lui appartiennent comme veuve de Thomas Bovel. Les biens donnés sont longuement détaillés dans l'acte. (Janvier 1233; en latin.)

Belle et grande charte, bien conservée.

448. Accord entre Thomas de Coucy, seigneur de Vervins, et l'abbaye de Foigny, devant Anselme, évêque de Laon, et Enguerran, seigneur de Coucy, arbitres choisis par les parties, relativement à de certains biens situés à Landouzy, et au sujet des excès commis par Thomas de Coucy contre les habitants de cette commune. (Février 1237 ; en latin.)

Cette charte, très-étendue, contient beaucoup de détails intéressants pour l'histoire du droit féodal et du droit communal.

449. Enguerran, sire de Coucy, confirme l'accord fait entre son frère Thomas de Coucy, seigneur de Vervins, et l'abbé de Foigny, au sujet du fief de Landouzy. (Février 1237 ; en latin.)

Cette charte reproduit textuellement la convention qu'elle confirme. Elle est en tout conforme à l'acte de confirmation du même accord par Anselme, évêque de Laon (*V*. n° 450). Enguerran s'oblige et oblige tous ceux qui seront seigneurs de Marle après lui, à observer et faire observer ces conventions toutes les fois qu'ils en seront requis par l'abbé de Foigny.

Magnifique charte, d'une grande étendue et d'une parfaite conservation.

450. Charte d'Anselme, évêque de Laon, contenant les conditions de l'accord convenu entre Thomas de Coucy, seigneur de Vervins, et l'abbaye de Foigny, en présence dudit évêque et d'Enguerran, seigneur de Coucy, arbitres choisis par les parties. Cette transaction a pour objet les droits respectifs que Thomas de Coucy et les religieux de Foigny possédaient à Landouzy. Après une longue et curieuse énumération de ces droits, Thomas avoue qu'il ne peut pas légalement se saisir des hommes de Landouzy et les retenir prisonniers dans son château, sous quelque prétexte que ce soit, la justice appartenant exclusivement au maire du lieu. Il renonce, en outre, à certaines réclamations qu'il avait faites aux religieux, en vertu d'une charte de son père Raoul, sire de Coucy. Mathilde, femme de Thomas de Coucy, approuve ces conventions, qui sont confirmées par l'évêque Anselme. (Février 1237 ; en latin.)

Cette magnifique charte originale, parfaitement conservée, est très-intéressante tant pour l'histoire de la maison de Coucy que pour l'étude du droit féodal et des institutions du moyen âge.

451. Agnès, abbesse de Notre-Dame de Trèves, déclare renoncer en faveur du chapitre de Laon au droit de patronage que son abbaye prétendait avoir sur la cure d'Amy, au diocèse de Laon. (Avril 1237, à Trèves ; en latin.)

452. G. (Garnier), évêque de Laon, accorde au chapitre de cette ville le pouvoir de nommer aux chapellenies dans tous les lieux où l'église de Laon possédait le droit de patronage. (Janvier 1238 ; en latin.)

Très-belle charte, bien conservée.

453. Frère Renaud de Namzy (*de Namziaco*), supérieur des maisons de la milice du Temple, à Laon, renonce, en faveur des religieuses de l'abbaye du Sauvoir-sous-Laon, au droit de vinage qu'il réclamait sur une pièce de vigne donnée à ce monastère par Simon, chanoine de Saint-Pierre de Laon (juillet 1239, en latin).

454. R. doyen et le chapitre de Saint-Pierre-au-Marché, de Laon, promettent de se conformer à la décision rendue par Garnier, évêque du diocèse, au sujet de la translation des religieuses de l'abbaye du Sauvoir-sous-Laon, qui, après l'incendie de leur monastère, avaient résolu de s'établir dans un autre lieu soumis à la juridiction de l'abbaye de Saint-Pierre (1246, la veille de l'octave de Pâques ; en latin).

455. Par-devant Garnier, évêque de Laon, accord entre l'abbesse et les religieuses du Sauvoir, d'une part, le chapitre de Saint-Pierre-au-Marché, de Laon, et le curé de Saint-Jean de Vaux, d'autre part, au sujet de droits de patronage, de dîmes et autres, que prétendaient avoir ces derniers sur la maison de la Ramée, *domum de Ramcia*. Cette maison venait d'être acquise par lesdites religieuses pour y construire un nouveau monastère, un cimetière et des chapelles, le lieu du Sauvoir, qu'elles occupaient, étant devenu incommode et inhabitable : « Propter importunitatem loci sui de Salvatorio male habitabilis ad manendum » (avril 1246, en latin).

Le Sauvoir, *Salvatorium*, abbaye de Bernardines réformées, était situé sous les murs de Laon.

456. Devant Guillaume de Viviers, official de Laon, Albéric de Renues, citoyen de cette ville, et sa femme Marie reconnaissent avoir vendu, à l'abbaye de Saint-Vincent de Laon, des rentes et héritages longuement spécifiés dans l'acte (mai 1251, en latin).

Grande et belle charte bien conservée.

457. Charte de Marie, dame du Sart, contenant les conditions d'un accord conclu entre elle, d'une part, et l'abbaye de Saint-Vincent de Laon, Huard Renold, Ode, sa femme, veuve en premières noces de Jean dit Fremin, et les enfants issus de ce premier mariage, d'autre part, au sujet de la succession de ce Jean Fremin. Il résulte de cet acte que Jean Fremin était venu d'Espagne s'établir au Sart, s'y était marié à une femme de corps de l'abbaye de Saint-Vincent de Laon, et était devenu lui-même homme de cette abbaye. Les biens qu'il avait laissés étaient réclamés par ses enfants et par les religieux de Saint-Vincent. De son côté la dame du Sart les revendiquait, conformément à la coutume du lieu et en vertu du droit d'aubaine (octobre 1255, en latin).

Cette pièce, très-étendue, a beaucoup d'intérêt pour l'étude du droit et des usages du moyen âge.

458. Charte de Simon du Sart, châtelain de Laon, contenant les conditions du compromis fait entre l'abbaye de Saint-Vincent de Laon, Huard Renoldi et Ode, sa femme, veuve de Jean Fremin, d'une part, et la dame du Sart, d'autre part, au sujet de la succession dudit Jean Fremin, ré-

clamée par la dame du Sart en vertu du droit de main-
morte (octobre 1255, en latin).

Pièce très-développée, reproduisant les mêmes détails que la précédente
(n° 457).

Sart, ou le Sart-sur-Serre, village de Picardie, dépendait du diocèse et de
l'élection de Laon. Il est aujourd'hui compris dans le département de l'Aisne.

459. Bulle du pape Alexandre (IV) en faveur de l'abbaye de
Foigny, ordre de Citeaux, diocèse de Laon. Le Souverain
Pontife décide que les religieux de ce monastère ne pourront être contraints de payer à qui que ce soit la dîme des
bestiaux qu'ils possèdent ou de ceux dont ils partagent la
propriété avec d'autres personnes. (A Viterbe, la 3e année
du pontificat d'Alexandre IV (1257); en latin.)

460. Marguerite, comtesse de Flandre et de Hainaut, confirme
l'accord fait entre les religieux de l'abbaye de Saint-Nicolas-
au-Bois, diocèse de Laon, d'une part, et les héritiers de
Gérard de Rassenghien, d'autre part, au sujet de la dîme
de Calckines. Marie, veuve de Gérard, Robert de Rassenghien et Gislebert de Rassenghien, frères dudit Gérard,
stipulant au nom des enfants de ce dernier, reconnaissent
que la dîme de Calckines avait été injustement usurpée
contre les droits de l'abbaye. (Avril 1258; en latin.)

461. Bulle du pape Urbain IV, adressée à l'évêque de Cambrai pour l'inviter à apaiser, au nom du Saint-Siége, les
différends qui s'étaient élevés entre l'abbaye de Foigny, de
l'ordre de Citeaux, au diocèse de Laon, et l'abbaye de Lies-
sies, de l'ordre de Saint-Benoît, au diocèse de Cambrai, au
sujet de la possession de certaines dîmes. (A Velletri, la
3e année du pontificat d'Urbain IV (décembre 1263); en
latin.)

462. Marguerite, comtesse de Flandre et de Hainaut, confirme la transaction passée entre les religieux de Saint-Nicolas au Bois, diocèse de Laon, et les héritiers de Gérard
de Rassenghien, chevalier, au sujet de la dîme de Calckines
(mai 1265, en latin).

Belle charte très-étendue et bien conservée.

463. Pardevant maître Hugues de Besançon, official de Laon,
Herbert Cossiers et Agnès, sa femme, vendent à Gérard
Brustin, moyennant vingt livres parisis les droit de cens
qu'ils possédaient sur diverses maisons, pièces de terre et
vignes situées à Vendresse. (Juin 1265, en latin.)

Vendresse, commune du département de l'Aisne, à 15 kil. de Laon.

464. Manassès, comte de Réthel, déclare que l'abbé et les
religieux de Saint-Vincent de Laon, à cause de leur
prieuré d'Omont (*de Ulmonte*), possédaient, au territoire

de Chimay, 27 sous parisis de cens, provenant tant du legs
de Baudouin, autrefois seigneur de Chimay, que de la donation de feu Amaury, seigneur de Raucourt (*de Radul-
phicurte*), et d'Ide, sa femme, comme on le voit par les
chartes des prédécesseurs du comte, et notamment de Hugues, son père; mais que l'abbé de Saint-Vincent et le
prieur d'Omont ont renoncé à ces 27 sous de cens, en
échange d'un pareil revenu que Manassès leur assigne sur
ses vinages de Bouvelémont. (Mai 1267, en latin.)

Belle charte, bien conservée.

Omont, Raucourt et Bouvelémont sont trois communes du département des
Ardennes, qui faisaient autrefois partie du comté de Réthel.

465. Devant Siger de Guise, notaire de la cour de Laon, Gobert de Montchâlon, chevalier, seigneur de Bouconville,
déclare que le sceau appendu aux lettres jointes à celles-ci
est bien le sien; mais ce sceau, où l'écusson est entouré de
trois points, est celui dont il se servait lorsqu'il était écuyer.
Il en a maintenant un autre dont il continuera de faire
usage. (Avril 1271, en latin.)

La charte qui accompagnait cette déclaration ne s'y trouve plus jointe.

466. Gobert de Mont-Chavelon (Montchâlon), chevalier, sire
de Bouconville, confirme, sous le sceau de chevalier dont
il use maintenant, les donations qu'il a faites, lorsqu'il
n'était encore qu'écuyer, à l'abbaye de Vaucler en Laon-
nois, de l'ordre de Cîteaux (avril 1272, en français).

467. Simon, sire du Sart et de Barentoncel, chevalier, châtelain de Laon, renonce, en faveur de l'abbaye de Saint-
Vincent de Laon, moyennant une somme d'argent, au
droit qu'il disait avoir de contraindre les hommes de corps
de l'abbaye demeurant dans sa seigneurie du Sart à garder
ses prisons et à lui payer amende pour défaut du service
d'ost. S'il arrivait que cet accord fût annulé par la volonté
du souverain, l'abbaye rendrait au sire du Sart ou à ses
successeurs la somme qu'elle a reçue de lui (juin 1278, en
français).

Le Sart (Aisne), à 19 kilom. de Guise; Barentoncel (Aisne), à 9 kilom. de
Laon.

Belle et curieuse charte française, parfaitement conservée.

468. L'official de Soissons nomme un curateur aux trois enfants mineurs de Simon de Coucy et d'Aveline de *Villemo-
touir* (Villemontoire), sa femme. Cet acte est signé de deux
tabellions de la cour de l'officialité, savoir : Geoffroi de Bery
et Jean de Crecy. (1282; en latin.)

469. Accord fait entre *Raus*, dit *li Foysseus*, sire de Moyen-
court, chevalier, et les religieux de l'abbaye de Saint-Vin-

cent de Laon, au sujet de la justice de plusieurs terres situées dans la paroisse de Viry, aux lieux dits : en Morain-
champ, en Séguille, à la Marlière-Dame-Douain, au Bus-
des-Berteles, à Sooncourt et en Orgeval (juin 1283, en
français).

470. Jean *Suriens,* sire de Ville, chevalier, fait un accord
avec l'abbé et les religieux de Saint-Vincent de Laon au
sujet du droit de pâturage dans la terre de *Meschinnes* et
dans les prés et marécages qui sont entre Nouviant-le-
Comte et Nouviant l'abbesse, et vers le pont de Buci (février
1289, en français).

471. Enguerran, sire de Coucy, d'Oisy et de Montmirail, déclare qu'il a enclos dans son parc de Folembray plusieurs
pièces de terre sur lesquelles l'abbaye de Nogent-sous-
Coucy avait des dîmes et d'autres droits, et que, pour dédommager les religieux, il s'oblige à leur livrer annuellement treize *aissiens* d'avoine à prendre dans ses greniers de
Coucy. (Août 1290. En français.)

472. Enguerran, sire de Coucy, d'Oisy et de Montmirail, fait
donation, pour le repos de son âme et des âmes de Marguerite, *jadis sa chère compagne,* et de Jeanne, sa seconde
femme, à *l'ostellerie* de Nogent-sous-Coucy, « *ou en her-
beige les povres,* » d'une rente de vingt sous parisis à
prendre à ses moulins de la Folie. (Décembre 1290. En
français.)

473. Jacques, sire de Saint-Simon et d'Estouilly, chevalier,
confirme l'accord fait entre Guy, châtelain de *Pieton* (Pithon), chevalier, et Oudart dit *Col-d'Acier,* demeurant à
Ham, au sujet de certains cens ; il confirme également la
donation que ledit Oudart a faite, depuis, de ces mêmes
cens, à l'abbaye de Prémontré. (Janvier 1293 ; en français.)

474. Charte de Jeanne, dame d'Erlaincourt, contenant les
conditions de l'accord fait entre elle et les religieux de
l'abbaye de *Noviant* (Nogent), au sujet de la terre de *Be-
chencourt* (Bichancourt), qu'elle déclare affranchie de toute
justice et de toute seigneurie haute, moyenne et basse.
(Juin 1293. En français.)

Bichancourt, village du département de l'Aisne, à 4 kil. de Chauny.

475. Lettres du roi Philippe le Bel, accordant à l'abbesse et
aux religieuses du Sauvoir-sous-Laon la remise des droits
qui lui appartenaient sur les biens qu'elles possèdent dans
le bailliage de Vermandois. Ces lettres reproduisent un long
rapport adressé au roi par maître Evrard Porion, chanoine
de Soissons, et Liziard dit le Jaune, bourgeois de Laon,

commissaires enquêteurs audit bailliage. (Juillet 1293; en latin.)

Cette pièce, très-étendue, est intéressante par les nombreux détails qu'on y trouve sur la topographie des environs de Laon au xiiie siècle.

476. Rapport des échevins de Laon sur une contestation qui s'était élevée entre l'abbé de Saint-Vincent et quelques habitants de la ville, au sujet du droit de pâture dans les limites du ban de Glatigny (mars 1295, en français).

Cette pièce, d'une écriture très-nette, est intéressante pour l'étude de l'idiome parlé en Picardie à la fin du xiiie siècle. La date n'est pas indiquée autrement que par ces mots : *lou lundi apres les octaves dou mei quarasme;* mais, sur le revers, une note d'une écriture du xive siècle fait connaître à quelle année se rapporte ce document : « Cest rapport fuit fait le lendemain « de feste S. Gregoire en mars par mil II^c II^lI^{xx} et XV ans. »

477. Lettres du roi Philippe le Bel et de Jeanne, reine de France et de Navarre, comtesse de Champagne et de Brie, confirmant la fondation de la chapelle de Saint-Jean dans l'abbaye de Coucy, et l'acquisition faite par les religieux d'un vivier situé à Hauteville. (1295. En latin. Or. un peu endommagé par l'humidité.)

478. Jean de *Waissi*, « chevaliers le Roi », garde de la baillie de Vermandois, condamne à l'amende Pierre de Bucilli, jadis vacher de Semilli, pour avoir fait paître ses vaches dans un bois appartenant à l'abbaye de Saint-Vincent de Laon (3 octobre 1304, en français).

479. Nicaise de Rochefort, chevalier, sire de *Le Heries,* accorde aux religieux de l'abbaye de Foigny le droit de pâturage pour leurs bestiaux dans sa terre de Le Heries, et la permission de traverser ses domaines pour voiturer le bois nécessaire à leur maison d'Eparcy. (Décembre 1304; en français.)

480. Lettres du roi Philippe le Bel confirmant la donation faite par Gui de Laon, trésorier de la Sainte-Chapelle de Paris, au prieur et aux frères du Val-des-Ecoliers de Laon des « manoirs et masures » situés à côté de leur prieuré. La donation de Gui de Laon, reproduite textuellement dans ces lettres de confirmation, est en français. Les lettres royales sont en latin. (Novembre 1308; en latin. Janvier 1307; en français.)

481. Lettre d'amortissement accordée par le roi Philippe le Long à Guillaume de Coucy, seigneur de Marle et d'Oisy, pour les biens qu'il possédait dans les villages de Bois et de Pargny.

482. Jehan, comte de Roucy, sire de Pierrepont et de Montagu, déclare que « pour le remède de son âme, » et à la requête de son amé et féal monseigneur Jehan de *Pain-*

gnius (Pagneux), chevalier, il confirme le don fait par ce seigneur de sa maison et de ses biens de Pagneux à l'abbaye de Vaucler; voulant que les biens donnés demeurent amortis entre les mains des religieux et quittes de tout hommage et de tout service quelconque. Les moines de Vaucler seront tenus de faire chanter messe pour le donateur et de livrer « au devant dit monseigneur Jehan », honorablement, « tout ce que il li convenra pour son vivre de « bouche et pour son vestir toute sa vie » (mars 1324, en françois).

Belle charte française, bien conservée.

483. Aelis, dame de Neufville, confirme la donation faite à l'abbaye de Vaucler par Jean dit Berruier, écuyer, sire de Berrui, du moulin de Berrui qu'il tenait d'elle en fief, et met en possession dudit moulin le procureur du monastère. Cet acte de confirmation et d'investissement est fait par dame Aelis, en son hôtel de Neufville, en présence de Monseigneur Jean de *Paaignius*, chevalier, Philippe de Seuil et Gilles de Berrui, fils de Raoul, bourgeois de Gevincourt (juin 1325, en français).

484. Jean, comte de Roucy, sire de Pierrepont, reconnaît que l'abbé et les religieux du couvent de Vaucler en Laonnais lui ont accordé, à titre gracieux, la permission de chasser dans leurs bois et dans leurs garennes, et déclare, « comme loyal chevalier », que cette permission ne lui confère aucun droit de chasse sur les terres du monastère (21 octobre 1329, en français).

485. Jeanne de Flandres, dame de Saint-Gobain, considérant que, par le dernier chapitre général de Cîteaux, certaines ordonnances ont été faites pour le monastère du Sauvoir-sous-Laon, afin que « *Diex y soit miex servis et religions miex wardée,* » et voulant que les religieuses « *n'aient mie si grant cause d'issir hors de la dicte église pour les nécessités de leur vivre,* » donne en aumône audit monastère du Sauvoir 40 muids et 6 jalois de blé, plus 150 livrées de terre qu'elle tenait en fief et en hommage de son cher neveu le seigneur de Coucy. (Janvier 1329, v. s. [1330].)

486. Bref du pape Jean XXII, adressé au doyen de la collégiale de Thuin (de Tudinio), au pays de Liége, lui prescrivant de punir par les censures ecclésiastiques les détenteurs des biens qui se trouveraient appartenir au monastère de Foigny, ordre de Cîteaux, diocèse de Laon. (Octobre 1333; à Avignon, la 15e année du pontificat de Jean XXII; en latin.)

Au dos de cette pièce on lit les indications suivantes : « Aubertus de Guignicurte. Saint-Gobain. »

487. Le roi Philippe VI (de Valois) confirme la fondation de la fête des saintes reliques qui se célèbre le 7 juillet dans l'église de Laon et pour laquelle l'évêque Albert ou Aubert a donné à perpétuité à l'archidiacre de Laon et à ses successeurs un grand nombre d'héritages situés à Achery et désignés dans l'acte. (Octobre 1340, à Paris ; en latin.)

Charte d'une grande étendue.

488. Association spirituelle et convention de prières réciproques entre les curés de la ville de Laon, chapelains perpétuels de la chapelle royale de Saint-Corneille, et les religieux de l'abbaye de Saint-Jean de la même ville. (Janvier 1342, en latin.)

489. « C'est l'assiette de la taille de la commune de Crandelain (auj. Crandelin, à 11 kil. de Laon, Aisne), assise et imposée sur tous les biens et héritages taillables tant bourgois et habitans comme forains d'icelle commune, en l'an mil ccc lxx, etc. » (1370, en français.)

Ce rôle d'imposition des tailles contient plus de trois cents noms d'habitants de la commune de Crandelin et de celles de *Courligis* et de Liervai, avec l'indication de la somme à payer par chaque habitant.

490. Bulle du pape Grégoire XI, mandant au doyen de Saint-Julien de Laon de faire une information au sujet des biens que les abbesses et religieuses du Sauvoir, ordre de Cîteaux, ont concédés à des particuliers clercs ou laïques, et de révoquer toutes celles desdites concessions qui se trouveraient illicites. (Février (1372), la seconde année du pontificat de Grégoire XI. — A Avignon ; en latin.)

La bulle ne désigne spécialement aucune des possessions de l'abbaye du Sauvoir. Cependant on lit, au dos de cette pièce, la note suivante, qui ne s'y rapporte nullement : « Crécy. Lettres d'une maison située au lieu dit En Brionville, qui doibt au Sauvoir xxiiii s. par. ès jours de Noël et Saint-Jean-Baptiste. »

491. Accord entre Jeanne *d'Ohyez* (d'Ohies), dame de Villers-lès-Guise, et les religieux de l'abbaye de Saint-Vincent de Laon, à cause de leur prieuré de l'Echelle, au sujet du droit de *terrage* que les deux parties réclamaient réciproquement sur des biens situés au territoire de Villiers. Jeanne d'Ohies agit comme héritière de la femme de Colart de Sons, « jadis seigneur de Villiers-lès-Guise » (15 août 1372, en français).

492. Arrêt du parlement de Paris, rendu au nom du roi Charles V, entre les religieux de Saint-Jean de Laon, d'une part, et la commune de Crécy-sur-Serre, d'autre part, au sujet de la justice dudit Crécy. (10 janvier 1376 ; en latin.)

493. Jehan, chevalier du Pont, conseiller du roi et garde-scel du bailliage de Vermandois, à Laon, atteste que par-devant lui a comparu Marie la Sauvage, femme de feu Jehan Sauvage, demeurant à Marchigny, laquelle a reconnu qu'elle est « femme de corps, de morte-main et de chievage » du chapitre de l'église de Laon. (3 septembre 1395.)

494. Long fragment d'un compte rendu au roi en 1398 et relatif aux recettes faites dans le Laonnais et aux environs. (1398.)

495. Henry de Potes, écuyer d'écurie du duc d'Orléans, donne quittance à Jean Poulain, trésorier général du prince, de la somme de 100 livres tournois à lui ordonnée pour sa charge de lieutenant du château de Coucy. (4 avril 1401.)

496. Quittance de la somme de treize livres six sous huit deniers parisis, de gages échus à l'Ascension, donnée par Guillaume, seigneur de Braquemont, maréchal du duc d'Orléans et capitaine du château de Chauny-sur-Oise, à Pierre Cordelle, receveur du duc. (20 juin 1402.)

497. Henri de Potes, écuyer d'écurie du duc d'Orléans, châtelain de son château de Coucy, reçoit le payement des gages des hommes d'armes qui gardent ledit château. (24 juillet 1403.)

498. Valeur estimative de deux pièces de bois vendues à Jean de Buis, gruyer de Chauny, par messire Charles de Noviant, et dont le quart denier était dû à M. le duc d'Orléans. (17 mars 1405.)

499. Vidimus fait par Guillaume de Tignonville, chevalier, garde de la prévôté de Paris, des lettres de Louis, duc d'Orléans, qui nomme Simon Potier son procureur général en la baronnie de Coucy. (23 juin 1405.) — *Parch.*

500. Vidimus par Guillaume de Tignonville, garde de la prévôté de Paris, de lettres de Louis, duc d'Orléans, fils du roi, conférant l'office de gruyer des bois de Chauny à Baudoin l'Affrène, office ayant appartenu à Jean de Bins. (5 août 1406.)

501. Louis, duc d'Orléans, ordonne aux gens des comptes de payer 40 livres 2 sous 6 deniers, sur ce qui est dû à Marie de Bar pour vente de la terre de Coucy. (7 octobre 1407.)

502. Rôle des amendes, exploits et défauts « venus et échus en la cour de M. le duc d'Orléans, à Chauny. » (Saint-Jean-Baptiste, 1461.)

503. « Reliefs et quint deniers » échus au profit du duc d'Orléans, par-devant le bailli de Chauny, du 24 juin 1461 au 25 juin 1462.

504. Déclaration des héritages vendus en la ville de Chauny, et sur lesquels monseigneur le duc d'Orléans a droit de vente comme seigneur dudit Chauny. (1463.)

505. Noble homme *Massé* de Villebresme, lieutenant de monsieur de Mornac, gouverneur et capitaine de Coucy, affirme pour vérité que messire Robert Cochois, prêtre, a dit, chanté et célébré, en la chapelle de la Madeleine dudit château de Coucy, quatre messes par semaine. (15 novembre 1468.)

506. La duchesse d'Orléans fait don de 16 livres parisis à Gobert le Normand, procureur des terres de Coucy et de Chauny. (29 juin 1471.)

507. État de la vente des bois de la gruerie de Chauny, appartenant à madame la duchesse d'Orléans. (A la Chandeleur, 1472.)

508. Quittance de 12 livres tournois donnée au receveur de Chauny par Guillaume Ravé, maître des eaux et forêts dudit Chauny. (6 juillet 1481.)

509. Estimation des revenus en blé et avoine dus à madame la duchesse d'Orléans sur sa terre et seigneurie de Chauny. (24 avril 1487.)

510. Règlement entre le receveur de George d'Auxy, gouverneur et capitaine de Coucy, et Antoine Thibault, prêtre, exécuteur testamentaire dudit capitaine de Coucy, au sujet des frais occasionnés par sa maladie et ses funérailles. (4 avril 1513.)

511. Rôle des rachats et reliefs des fiefs venus et échus au bailliage de Coucy depuis la Saint-Remi 1513 jusqu'à la Saint-Remi 1514.

512. Attestation de Robert de Donnay, lieutenant du bailli de Coucy et exécuteur du testament de feu Jean d'Auxy, écuyer, bailli dudit lieu, portant que Guillaume d'Arson, receveur ordinaire de Coucy, ne doit rien au défunt pour ses gages. (30 juin 1514.)

513. Nicole de Hénaut, licencié ès-lois et avocat du roi en la terre et seigneurie de Coucy, donne quittance de ses gages. (2 octobre 1515. Sign.)

514. Attestation donnée devant Jean Coctrel, écuyer, lieutenant général du bailliage de Coucy, et Antoine Le Gorju, procureur du roi audit lieu, au sujet de certains habitants du bailliage d'Aulers y dénommés. (6 avril 1530.)

515. Quittance de Jérôme de Villiers, conseiller au parlement, à François de Vigny, pour 75 livres de rente sur le grenier de sel de Laon et Langres. (14 juillet 1558.)

516. Jean du Thier, chevalier, seigneur de Beauregard et de
Menars, secrétaire d'Etat des finances, mande au receveur
de Coucy de payer à Etienne Meigret, lieutenant des eaux
et forêts dudit Coucy, 20 livres tournois pour ses dépenses
y consignées. (8 avril 1559.)

517. Quittance de 492 livres 9 derniers tournois donnée par
Jehan Seigneuret, conseiller du roi, receveur général ordinaire du domaine du comte de Blois, à Me Robert Varlet, receveur ordinaire du domaine de Coucy. (4 décembre 1561.)

518. Reconnaissance de payement fait par Me Robert Varlet,
receveur du domaine à Coucy, à feu messire Anthoine de
Bouchavesnes, chevalier, seigneur dudit lieu, donnée par
son fils Anthoine de Bouchavesnes, seigneur dudit lieu,
gouverneur, capitaine et bailli de Coucy. (1563.)

519. Acte d'échange, par les seigneurs de Coucy et de
Chaulnes, pour 1200 livres de rente sur la ville de Paris,
pour la terre de Saint-Crist. (21 mars 1572.)

520. Quittance qui éteint 1200 livres de rente constituée par
Louis d'Ognies, comte de Chaulnes, au profit de Jacques de
Coucy, seigneur de Chemery; — le remboursement fait par
Jean Pipemont et sa femme, auxquels ledit de Coucy en
avait fait l'échange. (13 octobre 1572.)

521. Le roi Henri III, en exécution d'une promesse faite par
le roi Charles IX au feu sieur d'Estrées, grand maître de
l'artillerie de France, accorde au sieur d'Estrées l'abbaye
de Saint-Nicolas-au-Bois, lorsqu'elle sera vacante par le décès de messire Tristan du Bizet, évêque de Saintes, ou bien
une autre abbaye qui viendrait à vaquer, « pour en faire,
par ledit sieur d'Estrées, pourvoir tel de ses parents ou
aultre personne catholique et capable qu'il advisera et voul-
dra nommer. » (5 octobre 1576, à Paris.)

L'abbaye de Saint-Nicolas-au-Bois, de l'ordre de Saint-Augustin, était située
près de Coucy en Picardie (Aisne).

522. Quittance de Zacarie de Vassan, lieutenant pour le roi
et commandant en la ville de Laon, d'une somme de 40
écus, pour avoir fait conduire jusqu'à Soissons un canon
et une petite pièce d'artillerie qui doivent être transportés
à l'arsenal de Paris pour la fonte. (1599.) (*Signé.*)

523. Philippe de Longueval, abbé commendataire de Nogent,
au diocèse de Laon, nomme Charles Bucot, religieux profès
de cette abbaye, aux fonctions de prieur de Saint-Remi de
Coucy. (5 juin 1600. En latin. Or. sign.)

524. Quittance de Jean Picault, écuyer, exempt des gardes
du roi en la prévôté de l'hôtel, de la somme de 300 livres,

reçue de Gabriel de Guénégaud, sieur du Plessis, trésorier
de l'épargne, pour les frais d'un voyage fait par ordre du
roi à Laon et à Dijon. (1630.) (*Signé.*)

525. Quittance d'Antoine de Martigny, conseiller du roi,
lieutenant particulier au bailliage de Laon, à cause de Catherine de Mauge, sa femme, des arrérages d'une rente
constituée sur les tailles de la généralité de Soissons. (1635.)
(*Signé.*)

526. Camille de Neufville, abbé des abbayes royales d'Esnay
et de Foigny, abbé et comte de Lagny, nomme aux fonctions de chapelain d'Espercy dom Antoine Miseraux, religieux profès et sous-prieur de l'abbaye de Foigny. (20 mars
1645. Or. signé.)

527. Sentence pour damoiselle Gilles de Vaux, veuve Jacques
du Passaige, pour les droits et justice de Sinchery, et une
maison et pourpris, à Autreville. Cette sentence est rendue
par le bailli de Coucy, Jean de Cotereau. (10 janvier 1665.)

528. Extrait des registres de l'église paroissiale de Saint-
Montain de la ville de La Fère, au diocèse de Laon, portant que le corps de maître François Mathon, avocat du roi
au siége de cette ville, fut inhumé en la chapelle de Saint-
Louis de la paroisse dudit lieu, le 7 novembre 1680.

529. Procuration aux fins y énoncées donnée par Jacques-
François d'Espinoy, chevalier, seigneur de Colle, demeurant à La Fère, à Philippe de Vest, marchand bourgeois et
échevin de ladite ville de La Fère. (24 juillet 1681.)

530. Quittance donnée au receveur du duc de Mazarin, par
maître Philippe de Vest, bourgeois et l'un des échevins de
la ville de La Fère, au nom de messire Jacques-François
d'Espinoy, chevalier, seigneur de Colle, gendre de maître
François Mathon, avocat du roi aux bailliage et maîtrise
des eaux et forêts du comté de Marle et de La Fère, pour
les gages dus à ce dernier. (13 juin 1684.)

531. Copie (légalisée) des provisions de l'office de conseiller
du roi, président en l'élection de Laon, en faveur de Jean-
Baptiste Bugniatre, avocat en parlement. (30 décembre
1767.)

532. Copie (légalisée) des provisions de l'office de procureur
du roi en l'élection de Laon, en faveur de Jean-Marie-Elie
Mauclerc. (4 octobre 1768.)

533. « Le roi (Louis XVI) ayant jugé à propos de recevoir la
démission du s^r abbé d'Andlau de l'abbaye de N.-D. de
Thenailles, ordre de Prémontré, diocèse de Laon, » et
S. M. voulant surseoir à la nomination de son successeur,

décide que les revenus de cette abbaye seront administrés par le directeur général et les receveurs généraux des Economats. (5 novembre 1780; à Versailles.)

Extrait des registres du conseil d'État, signé Amelot.

IX. CALAISIS.

534. Lettres de Philippe le Bel, mandant au bailli de Calais de faire payer une certaine somme à Girart Le Leu, valet du roi (1297).

Deux quittances de 4o liv. chacune, données par Girart Le Leu, valet du roi, député dans la baillie de Calais, pour les *monnaies défendues dehors du royaume* (1297). (3 *pièces; parch.; sceau de G. Le Leu.*)

535. Vidimus des lettres de Philippe le Bel, adressées au bailli de Calais pour laisser jouir, sans trouble, Guillaume Herbert de la sergenterie de Moustier-Villars, qu'il avait achetée. (1297.) — *Parch.*

536. Lettres de Philippe le Bel au bailli de Calais, pour l'informer qu'il accorde délai jusqu'à la Saint-Michel, à Denis, vicomte de Moustier-Villars, de payer les 500 liv. auxquelles il a été imposé, moyennant caution suffisante. (1297.) — *Parch.*

537. Nicolas Hélis, sergent d'armes du roi et vice-amiral, reconnaît avoir reçu de Thomas Fouques, garde du clos des Galies, par les mains de François de L'Hôpital, capitaine des arbalétriers du roi, différentes machines de guerre, entre autres des fauconneaux. (2 juillet 1337.)

538. Quittance de Jean, seigneur d'Anricher, chevalier, d'une somme de 40 liv. tourn., pour ses gages et ceux de deux écuyers de sa compagnie, commis à la garde de la ville d'Ardres, sous la charge du comte de Saint-Pol, capitaine général en Picardie et en Westflandres. (1396.) — *Parch.*

539. Donation entre vifs faite par D^lle Jeanne de Riencourt, femme d'Antoine de Vaulx, écuyer, seigneur dudit lieu, à Adrien de Vaulx, leur fils et héritier, de tous ses fiefs et autres biens. (3 mai 1525.)

540. Quittance de Philippe de Faines, chirurgien pour le roi à Ardres, de la somme de 30 l. t. à lui due pour ses gages. (15 avril 1548.)

541. Montre d'une compagnie de 50 hommes de guerre anglais armés et montés sur chevaux légers, commandée par

le capitaine Jehan Clavar, le lieutenant Richard Nelson
(près Calais). (16 juin 1554.)

542. Quittance de 66 écus deux tiers d'écu donnée par Isam-
bert du Bosque, gouverneur de la ville d'Ardres, à M. Germain le Charron, conseiller du roi et trésorier général de
l'extraordinaire des guerres en Picardie, pays reconquis et
Ile-de-France. (14 juin 1588.)

543. Rôle de la montre et revue faite à Ardres de quarante
hommes de guerre à pied du régiment de Picardie, sous la
charge de Villegagnas, capitaine, par Jacques Faine, commissaire ordinaire. (21 janvier 1600.)

544. Charles d'Ardres, écuyer, reçoit 25 livres pour un quartier de rente. (Or. signé. 22 juillet 1600.)

545. Rôle de la montre et revue faite en la ville d'Ardres de
la compagnie de trente-cinq hommes de guerre à pied français du régiment de l'icardie, sous la charge d'Antoine de
Saint-Quentin, capitaine. (9 août 1603.)

546. Constitution de rente au profit de Marcq Glendre, bras-
seur, demeurant au Bail, paroisse de Hanescamp, par Gilles
de Lassus, greffier dudit lieu, au nom de Jean Choillier,
laboureur, demeurant dite paroisse. (18 février 1623.)

547. Sentence du président et juge général de la justice de Calais et pays reconquis, entre François de Locquigny, écuyer,
sieur de Gausseville, et Nicolas Jacomée, écuyer. (18 mars
1671.)

548. Contrat de mariage entre Patrice de Vitry, écuyer,
enseigne de vaisseau, et D^{lle} Julienne Derieux de la Guyerle,
stipulant qu'en cas de décès du mari, sa veuve hériterait
de tous les biens de la communauté. (27 septembre 173. .)

X. BOULONNOIS.

549. Jean, seigneur de Hangest, chambellan du roi, capitaine de la ville de Boulogne, donne quittance à Jean de
Pressy, trésorier des guerres, de la somme de 200 livres
tournois pour ses gages et ceux des gens de guerre en garnison à Boulogne. (26 février 1410.)

550. Quittance de Pierre Labitte, bailli d'Étaples et du
Chocquel, de 24 liv. parisis, pour ses gages d'un an,
reçus de Martin Cornille, trésorier du Boullenois (1440).
— *Parch.*

551. Philippe le Bon, duc de Bourgogne, en considération des services que lui a rendus son chambellan, messire Antoine, seigneur d'Anglure, chevalier, notamment en la guerre de la ville de Gand, lui fait remise de la moitié des droits seigneuriaux dus sur la vente faite par ledit messire Antoine à Robert de la Bonnerie ou de la Bouverie, d'un petit village du Boulonnais tenu du duc à cause de son château de Desvres. (A Bruges, le 6 mai 1455.)

552. Antoine, seigneur d'Anglure, chevalier, chambellan du duc de Bourgogne, reconnaît qu'en exécution des lettres données par le duc, le 6 mai précédent, le trésorier du Boulonnais n'a perçu que la moitié des droits seigneuriaux dus par ledit Antoine à cause de la vente par lui faite à Robert de la Bouverie, d'un petit village nommé le Bos-Bernard et l'*Offosse* mouvant du château de Desvres (14 juin 1455). — (Signé *Anthoine d'Anglure.*)

553. Les maire, échevins, manants et habitants de la ville de Rue, reçoivent 26 livres 16 sols tournois de Robert de Boulogne, conseiller du duc de Bourgogne.— (Sceau de la ville de Rue, portant un homme combattant un lion.) (4 novembre 1457.)

554. Jean Lampe, lieutenant du sénéchal de Boullenois, certifie que, pendant l'année écoulée, il n'est échu dans le comté de Boulogne *aucun avoir de bastard ou d'estrayers* (1462). — *Parch.*

555. Vidimus de lettres de Philippe, duc de Bourgogne, qui donne à Jacques Le Page, son archer de corps et bailli de Boulogne, en récompense de ses services, une redevance sur la forêt de Boulogne (1462). — *Parch.*

556. Lettres de Philippe, duc de Bourgogne, qui nomment garennier de sa garenne de la Malle, Jehan Disques, fils de Pérus, escuyer, à la place de Pierre de Haffrengues. Lettres données en vidimus à Boullongne (23 février 1462).

557. Robert de Grigny, écuyer, lieutenant du bailli d'Étaples, certifie que le quart de l'impôt des vins appartenant au duc de Bourgogne à Etaples, a été adjugé à Jean le Forestier pour la somme de 126 livres (22 octobre 1462). — Très-joli sceau bien conservé.

558. Jacques de Villers, seigneur de l'Isle-Adam, conseiller et chambellan du duc de Bourgogne, sénéchal et capitaine du Boulonnais, donne quittance des gages de son office. Signature et sceau (18 novembre 1462).

559. Le duc de Bourgogne quitte et décharge la veuve de Jacques le Bosquillon, receveur de la ville de Boulogne, de

la somme qu'il devait, à cause de son office, à Pierre le Carbonnier, conseiller du duc, ancien trésorier du Boulonnais, et depuis maître en la chambre des comptes de Lille (14 novembre 1464).

560. Henri Hanocque, archer de corps du comte de Charolais et commis par lui à la garde et gouvernement du château de Boulogne, donne quittance des gages de son office (1er juin 1466).

561. Philippe, duc de Bourgogne, etc., fait remise à Jacques de la Bouvrie, trésorier du Boulonnais, de la moitié des droits seigneuriaux dus à cause de la seigneurie de Wièreau-Bois, échue audit trésorier par la mort de son oncle Mathieu de Hupplande. A Bruxelles, le 14 juin 1466.

562. Quittance de frère Enguerran, abbé de l'église de Notre-Dame de Chercamp, de cinq milliers de harengs saurs, sur les dix milliers que l'église prend chaque année sur le vicomté de Boulogne (1466). — *Parch.*

563. Jean Le Grant, écuyer, lieutenant du sénéchal de Boullenois, et Pierre Cailliette, procureur général, certifient que, selon les ordres du duc de Bourgogne, les habitants de Boulogne ont dépensé en trois ans 3,400 livr. pour les réparations du port et de la jetée (1466). *Parch. — Scellé.*

564. Vidimus des lettres de Charles de Bourgogne, comte de Charolais, lieutenant-général du duc de Bourgogne, qui nomme Jacquet le Bacre, sergent de la vicomté de Boulogne, à la recommandation du seigneur de Fiennes et de Jean de Luxembourg, son frère (1466). — *Parch.*

565. Quittance de Jehan de Longvilliers, écuyer, bailli d'Étaples, à Jehan du Lô, dit le Gaigneux, conseiller du duc de Bourgogne et son receveur général en Ponthieu, d'une somme de 40 livres (18 août 1474).

566. Quittance de Jean de Bies de Bécourt, lieutenant du maréchal de Bies, et Jacques Tessié, marchand à Boulogne, à Nicolas Bourgap, marchand, pour 1,751 livres de houlbron pour munitions de la ville (2 mai 1544).

567. Quittance de Jacques de Boniface, sieur de Lamolle, capitaine appointé du roi, en Picardie et Boullonais, près la personne de messire de Châtillon, à Benoît-le-Grant, pour vingt livres tournois (26 février 1549).

568. Odet de Baillon, trésorier des réparations, fortifications, etc., des villes, châteaux et places de frontière des pays de Picardie, Boulonnais et Artois, ordonne de payer à Jean de Roquetain, écuyer, 75 livres 5 sous tournois pour

remboursement de pareille somme qu'il a payée pour tirer
du fort de Boulebert les munitions et vivres déclarés dans
la pièce, et les amener dans la ville de Boulogne. (*Or. Signé.*
— Cachet. 8 juin 1550.)

569. « Rôle de la monstre et revue faicte en armes, à Boulogne, le 8 février 1557, d'une compagnie de 50 lances des
ordonnances du Roy, estant sous la charge et conduite de
M. de Dampville, leur capitaine » (8 février 1557).

Pièce très-étendue, contenant un grand nombre de noms appartenant à la
noblesse de France, et quelques-uns à la noblesse étrangère.

570. Quittance de rente constituée sur l'hôtel de ville de Paris, donnée par dame Hélène de Montamat, dame de Galais,
l'une des dames de la reine, héritière de messire François
de Chaulmes, chevalier de l'ordre du roi, seigneur de Gail-
lac, et gouverneur de Boulogne-sur-Mer (21 août 1581).

571. Montre et revue d'une compagnie de 35 hommes de
gens de guerre à pied, français, du régiment de Navarre,
sous la charge d'Olivier de la Goubertière, sieur de la Ro-
che-Allard, capitaine; passée à Montreuil, le 13 octobre
1608. — *Signé.*

572. Acte notarié, par lequel Marguerite Vollant, veuve de
Louis Binet, chevalier, seigneur de Beaurepaire, reconnaît
devoir une certaine rente à Louise-Elisabeth d'Angennes,
veuve de Antoine d'Aumont, chevalier des ordres du roi,
gouverneur du château de Boulogne-sur-Mer (1659). —
Parch.

573. Montre et revue d'une compagnie de chevau-légers, sous
la charge d·Alexandre de Choiseul, comte du Plessis-Praslin,
capitaine; passé à Montreuil, le 25 mai 1664. — *Signé.*

574. Requête de Jean Bricq, bourgeois de Boulogne, sur la
nomination de François de Turmenges, de Neuville, au re-
couvrement des impôts en Boulonais (28 juillet 1688).

575. Rôle de la montre et revue faite dans la place d'armes
de la ville de Rue, de la compagnie de cavalerie, du sieur
de Blanchard, capitaine au régiment des cuirassiers du roi,
et alors commandée par Henry de Châteauneuf, lieutenant
audit régiment (27 janvier 1697).

576. Jean l'Heureux, marchand bourgeois de Boulogne,
donne procuration à demoiselle Jeanne-Suzanne Leroy, fille
majeure, pour toucher une rente (31 mars 1724).

Pièce incomplète. On y lit encore le nom de Jean-Baptiste-Joseph Le Camus
du Louet, conseiller du roi, bailli, prévôt, juge ordinaire civil criminel de Boulogne.

577. Procuration donnée par les administrateurs de l'hôpital général de Saint-Louis à Boulogne, à damoiselle Jeanne-Suzanne Le Roy, demeurant à Paris, pour recevoir les arrérages de toutes les rentes viagères dont ledit hôpital a le droit de jouir (22 juin 1724).

578. Extrait mortuaire de Barbe Mausse, veuve de Jean Chamoulaud (23 juin 1751). — Extrait mortuaire de messire Achille Martinot, seigneur de Berguette, receveur des consignations de la sénéchauszée de Boulogne. — D'autres extraits concernant les mêmes familles (23 juin 1751).

XI. PONTHIEU.

579. Copie de trois aveux rendus à la seigneurie de Noyelles, en Ponthieu, et d'un mémoire sur ce sujet, par Blanche, comtesse d'Harcourt, Hugues Malicorne, écuyer, et Louis Rumet, chevalier, seigneur de Bascamp (1380, 1482, 1700). — *4 pièces sur pap.*

580. Lettres d'Andrieu de Charroles, chevalier, bailli d'Amiens, relatives à un droit d'usage dont jouissaient les religieux de Saint-Pierre d'Abbeville (1423).

581. Exploits de défauts, retraits et amendes, échus au siége de la séréchaussée de Ponthieu, du 25 juin 1439 au 24 juin suivant. (2 *ff. parch.* — *Plusieurs noms nobles.*)

582. Hugues Maupin, bailli d'Abbeville, est témoin d'une quittance donnée par Colart Belliart à Jean Le Doux, receveur du domaine de Saconne en Ponthieu (8 mai 1440).

583. Rôle des exploits d'amendes, défauts et retraits du bailliage d'Abbeville (1447-1449).

584. Dénombrement des droits de rachats, de relief et de quint dus au duc de Bourgogne à cause de son comté de Ponthieu. (On y trouve beaucoup de détails sur des maisons nobles de Picardie. 1450-1451).

585. Quittance de Colard Brouet, bailli d'Abbeville, à Robert de Boulongne, receveur général de Ponthieu, pour 26 livres 13 sous 4 deniers parisis (19 février 1457).

586. Vidimus des lettres de Louis XI, portant don en faveur de Jean de May, écuyer, de l'office d'élu sur le fait des aides ordonnées pour la guerre, en l'élection de Ponthieu, vacant par la résignation de Jean de Rochefay, écuyer (4 février 1468).

587. Ordre de Anthoine de Hardenton, seigneur de Grigny
et de La Motte, trésorier général de monsieur le maître des
eaux et forêts de Picardie, à Jehan du Lo, dit le Gaigneur,
receveur des dépenses de la comté de Ponthieu, de faire
vendre une coupe de bois de la forêt de Cressy, le prochain
jeudi après le jour de Toussaint (12 octobre 1471).

588. Lettres d'Antoine de Hardentun, seigneur de Grigny et
de La Motte, lieutenant général de la maîtrise des eaux et
forêts de Picardie, adressées à Jean du Lo, dit Le Gaigneur,
receveur des domaines du Ponthieu, au sujet d'une vente de
bois dans les forêts appartenant au duc de Bourgogne (28
septembre 1472).

589. Jean le Caron, greffier du bailliage d'Abbeville, certifie
avoir fait payer à divers ouvriers et marchands, par Jean du
Lo, dit le Gaigneur, receveur général du comté de Ponthieu,
pour monseigneur le duc de Bourgogne, une somme de
478 livres 18 sols 5 deniers, pour avoir travaillé à la cons-
truction de la forteresse d'Abbeville depuis le 15 juillet
jusqu'au 1er août 1473 (8 août 1473).

590. Arrêt du parlement de Paris, rendu au nom du roi
Louis XII, et ordonnance au prieur d'Abbeville de payer au
prieur et aux écoliers du collége de Cluny, à Paris, ce qui
leur était dû pour la nourriture d'un religieux du prieuré
d'Abbeville, nommé Henri de la Befve (25 janvier 1508. —
1509 n. s.).

591. Relief féodal fait par Antoine d'Ailly, vidame d'Amiens,
pour le fief de Broye, le comté de Ponthieu et les fiefs de
Jean Grambus, Nicole Levasseur et Jean de Brionel (14 octobre 1522).

592. Quittance de Guillaume Chalière, receveur aux deniers à
Abbeville, à Nicole Polloys, pour huit vingt-sept livres (167 l.)
13 sous 9 deniers (8 janvier 1523).

593. Jean, sire de Rambures, seigneur de Dompierre et de
Hornoy, tuteur des enfants issus de son mariage avec Françoise d'Anjou, comtesse de Dammartin, donne un pouvoir
pour soutenir devant le parlement de Paris un procès relatif
à la succession de sa femme (à Rambures, le 8 octobre
1558).

594. Montre et revue faite à Doullens, le 22 février 1564, de
vingt hommes d'armes et trente archers sous la charge de
M. le marquis de Conty, capitaine (1564).

595. Quittance de Jean Carpentin, doyen et chanoine de
Saint-Volfrang en Abbeville, héritier de Jean de Gouy,
conseiller du roi, à François de Vigny, pour 19 écus 2 tiers,
sur le bétail à pied fourché (8 avril 1578).

596. Par-devant les notaires d'Abbeville, Jean du Bus, écuyer, seigneur de Wailly, mari d'Isabeau de Caux, donne quittance d'une rente (14 avril 1583).

597. Quittance de Laurent Levesque, sieur de la Roque, exempt des gardes du roi en la prévôté de son hôtel, d'une somme de 200 livres, reçue du trésorier de l'épargne, pour les frais d'un voyage d'Abbeville à Paris, fait par ordre du roi (1631). — *Signé.*

598. Rôle des noms et surnoms de la compagnie de chevau-légers de M. le marquis de Montcavrel (Jean-Baptiste de Monchy-Balagny), colonel de cavalerie et capitaine particulier de la première compagnie de son régiment, ladite montre faite à Abbeville (le 6 février 1661).

599. Contrat de mariage, entre les futurs époux Thomas Caron, fils de feu François Caron et de Jeanne Rabouillet, veuve dudit François Caron, et Geneviève Piesnois, fille de Charles Piesnois, compagnon arquebusier, et de Marie Defontaine, épouse dudit Charles Piesnois (6 janvier 1678).

600. Donation de biens entre vifs, faite par demoiselle Catherine Lemaire, veuve de François Despréaux, demeurante à Abbeville, à demoiselles Françoise, Marguerite, Anne et Barbe Desenclos (28 mai 1700).

601. Nomination à l'office d'archer de la capitainerie du Crotoy (milice des gardes-côtes), en faveur de Charles de la Haye, par Philippe Roujoux, commissaire aux revues des milices gardes-côtes du Crotoy (20 mai 1711).

602. Messire Pierre-Charles Le Boucher, chevalier, seigneur de Biencourt, donne procuration à messire Nicolas-Gabriel Papin, conseiller du roi, contrôleur des rentes de l'hôtel de ville, pour toucher les arrérages d'une rente dont il a le droit de jouir pendant la vie de François-Joseph Leboucher du Plouicq, son fils (4 juin 1725).

603. Contrat ou donations et concessions faites par-devant les notaires royaux d'Abbeville, entre les futurs époux Jean-Baptiste Roussel, fils puîné de feu Jean Roussel, maître fondeur, assisté de Marguerite Gambier, sa mère, et Marguerite Daidaine, fille de feu Jean Daidaine, maître boulanger, assistée de Marguerite de Guehen, épouse de Joseph Mequet, aussi maître boulanger, et veuve dudit Jean Daidaine. Extrait notarié (23 avril 1729).

604. Jean-Baptiste Pocquet, bourgeois de Paris, procureur de Jean Mathieu, ancien exempt de la maréchaussée, à Abbeville, et demoiselle Marie-Françoise Billehault, son épouse, transporte à demoiselle Anne-Louise Caron 50

livres de rente sur les aides et gabelles (28 septembre 1729).

605. Contrat de mariage entre les futurs époux Charles Sauvage, fils d'Antoine Sauvage, peigneur de laine, et de Jeanne Bellenal, sa femme, et Antoinette Traullé, fille de défunt Adrien Traullé, maître houppier, habitant à Cramont, et de Antoinette Culieux. Extrait (19 juin 1731).

606. Procuration de Suzanne-Angélique-Renée Fenel, veuve de Jean-Jacques Fenel, demeurante à Abbeville, à Etienne Lenoble, bourgeois de Paris, pour toucher les arrérages de rentes (8 avril 1743).

XII. VIMEUX.

607. Charte de Rainold, évêque de Noyon, attestant que Robert de Fontaines, du consentement d'Adelis, sa femme, et de ses enfants, a donné aux religieuses de Fervaques (*de Favarges*) le droit de faire paître leurs bestiaux dans toute l'étendue de ses domaines. Werric de Fillains (*Werricus de Fillanis*), de qui Robert tenait ce droit en fief, a approuvé la donation. *S. d.*, XIIᵉ siècle (1175 à 1188, en latin).

On trouve aux environs de Noyon plusieurs lieux du nom de *Fontaine* ou *Fontaines*. *Fillains*, aujourd'hui *Filain*, est une commune du département de l'Aisne, à 4 kil. de Chavignon.

La pièce n'est point datée, mais l'écriture est du XIIᵉ siècle, et l'épiscopat de Rainold, qui a commencé en 1175 et fini en 1188, en indique approximativement la date.

608. R., évêque de Noyon, confirme la donation faite par Simon, frère de Rogon de Fayel, à l'abbaye de Fonsomme (*Fontissumme*), de trois muids de froment, mesure de Nesle, pour sa fille, qu'il a dévotement offerte à Dieu et à la sainte Vierge, dans ladite abbaye. Ces trois muids seront pris sur la dîme de *Curci* (Curchy) que ledit Simon tenait en fief du comte de Nesle et que celui-ci a rendue à l'évêque. Témoins : Rainaud, abbé de Saint-Éloi; Guy, abbé d'Ourscamp; Jean, chapelain; Raoul, châtelain; Rogon de Fayel; Rogon de Roye; Simon Bouteiller (1178, en latin).

On lit au dos de cette charte la note suivante, d'une écriture du même temps : « *De tribus modiis frumenti Margarete puellule de Marteville.* »

Pièce intéressante pour l'histoire de la maison de Fayel, célèbre par l'histoire ou la légende de la dame de Fayel (Gabrielle de Vergy) et du châtelain de Coucy.

609. Étienne, évêque de Noyon, atteste qu'en sa présence la sainte et vénérable abbaye de Fervaques a acquis, soit par donation, soit par achat, tous les biens que Gui, seigneur de Choisy, chevalier, possédait à *Cepi* (Chépy), du chef de sa femme Elisabeth, ce qui a été approuvé et confirmé par

Everard de Fonsomme, sénéchal (de Vermandois), comme seigneur du fief. Témoins : Hugues, archidiacre de Noyon ; Jean, abbé de Ham ; maître Ingerran ; Mathieu de Saint-Quentin ; Warmund de Cessoi ; maître Thebold ; Sigebert, official de Noyon ; Rainaud de Tracy. (1189, en latin.)

610. Robert d'Estables (*de Stabulis*) et sa femme Ade accordent « aux religieux et religieuses » de l'abbaye de Notre-Dame (de Fervaques), établie à Fonsomme, le droit de prendre du bois pour leur usage dans la forêt qui appartient aux donateurs. Everard de *Morenkevenne* et son fils Gérard leur font une donation semblable. (*S. d.*, XIIe siècle.)

Très-belle charte originale du XIIe siècle.

611. *Adelvya* (*sic*), dame de Guise et de Leschères (*Lescheriarum*), et son fils Gautier, seigneur d'Avesnes (*de Avehdnis*), approuvent et confirment la vente faite à l'abbaye de Fervaques par Odo (Eudes) de Fayel, avec le consentement de ses deux sœurs Mathilde et Agnès et de leurs maris, de sa troisième sœur Rohaldis et de ses autres héritiers, des dîmes de Fayel, de *Selenchi* et Franchelli, à l'exception de la petite dîme qui appartient à l'église de Saint-Prix, *Sancti Prejecti*. (Avril 1200, en latin.)

Très-belle charte originale.

612. Everard, sénéchal de Vermandois, étant sur le point d'aller combattre les hérétiques, et voulant réparer les fautes qu'il a pu commettre, accorde aux religieuses de Fervaques, à titre de satisfaction et d'aumône, une rente de dix sols sur ses revenus de Fonsommes, et le droit d'établir un fossé autour du bois qu'elles avaient acquis de ses ancêtres. Il renonce en outre à diverses réclamations qu'il faisait injustement à ladite abbaye. Toutes ces concessions sont approuvées par Ermengarde, femme d'Everard, et par Gilles (*Egidius*) et Jean, ses fils. (Août 1210, en latin.)

Très-belle charte, d'une parfaite conservation.

613. Ammolric (*Ammolricus*), seigneur de Hauteville, *de Alta villa*, déclare que pour le repos de son âme et de celle de ses ancêtres il a accordé en aumône, à l'abbesse et au couvent de Fervaques (*de Favarchiis*), le droit de faire passer leurs serviteurs, leurs messagers et leurs voitures sur ses terres de Hauteville, d'Aisonville, de Fresnoy et du Houchort (de Haut Court?) sans payer aucun droit de *winage*. (1216, en latin.)

L'abbaye de Fervaques, de l'ordre de Cîteaux, était du diocèse de Noyon. Hauteville et Aisonville sont deux communes du département de l'Aisne, situées à 8 kil. de Guise.
Belle charte, parfaitement conservée.

614. Gérard de Saint-Aubert, seigneur de Bohaing (Bohain), déclare que, du consentement de Marie, sa femme, et de Gilles, son frère, il a offert sur l'autel, *per ramum et cespitem*, en faveur de l'abbaye de Fervaques, cent sols parisis de rente à percevoir chaque année, le jour de Saint-Martin, sur ses winages de Busegnies et de Bohaing. (24 décembre 1220, en latin.)

Bohain, petite ville du Vermandois, aujourd'hui chef-lieu de canton de l'arrondissement de Saint-Quentin (Aisne). (Or. bien conservé.)

615. Gui, seigneur de Moy, chevalier, déclare qu'à la prière de son vassal Raoul Pestiaus, chevalier, il renonce, en faveur de l'abbaye de Fervaques, aux droits de fief qui lui appartenaient sur les terres possédées par Raoul à Herbercourt. (Avril 1228, en latin.)

Moy, chef-lieu de canton du département de l'Aisne, à 11 kil. de Saint-Quentin.

616. Lettres de Raoul, abbé de Clairvaux, adressées à tous les abbés et prieurs de son ordre. Après avoir rappelé que saint Bernard, premier abbé de Clairvaux, en fondant le monastère de Fervaques, y a institué des frères convers pour vaquer aux soins extérieurs dont les religieuses ne peuvent s'occuper, il se plaint de ce que ces frères convers, quoique munis de lettres de l'abbesse, ne sont pas accueillis dans les autres monastères de la filiation de Clairvaux, avec les égards convenables. Il entend qu'à l'avenir on les reçoive fraternellement dans toutes les maisons de l'ordre. « S'ils ont moins de science que vous, dit l'abbé en terminant, souvenez-vous de ces paroles de saint Paul : Nous qui sommes forts, nous devons soutenir la faiblesse des autres et ne pas nous complaire en nous-mêmes. » (Janvier 1231, en latin.)

Ces lettres se terminent par cette formule peu ordinaire : « *Reddite litteras.* » On voit par là qu'elles ne devaient pas rester entre les mains de ceux à qui elles s'adressaient, et qu'elles servaient, en quelque sorte, de passe-port aux frères convers de l'abbaye de Fervaques.

617. Jeanne, comtesse de Flandre et de Hainaut, confirme la donation que son cher et féal Baudouin, seigneur de Beauvoir, *dominus Bellivisus,* a fait à l'abbaye de Fervaques de certaines terres situées entre Prémont et la Malmaison, et tenues en fief de ladite dame. (Janvier 1231, en latin.)

618. Rogon, seigneur de Fayel, rappelle le don qu'il a fait à l'abbaye de Fervaques pour le repos de l'âme d'Eudes, seigneur de Fayel, son père, et renonce, en faveur de cette abbaye, aux droits qu'il possédait sur divers autres biens de ses domaines, se réservant seulement le droit de haute justice. (Avril 1241, en latin.)

Charte intéressante pour l'histoire de la famille de **Fayel**.

619. Jean, chevalier, sire de *Fonsoumes* (Fonsomme), sénéchal de Vermandois, atteste qu'en sa présence Jean, sire de la Malemaison, mari d'Emmeline, fille de Robert, chevalier, seigneur d'Audencourt, a laissé à l'abbaye de Notre-Dame de Fervaques une rente de *vint sous de blans* à prendre sur sa terre de la Malemaison. (Octobre 1259, en français.)

Fonsomme, commune du département de l'Aisne, à 10 kilom. de Saint-Quentin.

La Malemaison, même département, à 29 kilom. de Reims (Marne).

620. Emmeline, veuve de Jean, seigneur de la Malemaison, déclare que son mari a laissé à l'abbaye de Notre-Dame de Fervaques, de l'ordre de Cîteaux, pour le repos de son âme et de celle de ses ancêtres, une rente de « vint sous de blans » à prendre chaque année sur sa terre de la Malemaison. A cette donation étaient présents messire Robert, chevalier, sire d'Audencourt, père d'Emmeline, et messire Jean, chevalier, sénéchal de Vermandois, qui l'ont approuvée et confirmée. (Décembre 1259, en français.)

621. *Mahius* (Mathieu), sire de Fayel, confirme les donations faites à l'abbaye de Fervaques par Havis Gaverelle, sa sœur Aelis, Gilles Cauche et sa femme Isabeau, de divers héritages situés à Fayel, et tenus en fief de lui comme seigneur du lieu. (1266, en français.)

Belle charte française, curieuse comme monument du langage picard, et parfaitement conservée.

622. Marie « par la souffrance de Dieu », abbesse de Favarches (Fervaques) de l'ordre de Cîteaux, diocèse de Noyon, donne à bail à Roger et Adam le Bertremil, de Perreumont, certaines terres situées à Perreumont (Prémont). (Février 1278, en français.)

Prémont (Aisne), à 20 kil. de Saint-Quentin. (Très-belle charte française, bien conservée.)

623. Marie, abbesse de *Favarches* (Fervaques), déclare que, pour accomplir les dernières volontés de dame Agnès de *Tyans*, cette abbaye a acquis aux territoires de Fontaines et de *Biaurewart* (Beaurevoir) certains biens dont le revenu doit servir à l'entretien de sœur Alix de *Tyans*, religieuse audit couvent de Fervaques. L'abbesse promet de faire délivrer à sœur Alix, en la grange de Beaurevoir « trois muis de blet, ne dou pieur ne dou milleur (ni du pire ni du meilleur) pour li aidier en ses nécessités. » (Décembre 1289, en français.)

624. Vidimus de la bulle de Benoît XII, qui donne commission au doyen, à l'écolastre et à Jean de Brie, chanoine de Noyon, de juger les démêlés surgis entre Gui de Chastillon, comte de Blois, et Guillaume de Créqui, doyen de l'église de Cambrai. (1335.) (*Parch.*)

625. Nicolas Martin, conseiller du roi en sa chambre aux deniers, donne quittance à Jean Coquel, receveur général des aides ordonnées pour la guerre *du roi* au diocèse de Noyon, de la somme de 1,340 livres. (6 septembre 1376.) (*Sceau.*)

626. En présence de Philippe Huguet et autres hommes liges de l'abbaye de Saint-Riquier, Antoine de Thibivilliers, écuyer, seigneur de Montault, comme mari de Jeanne de Bulleus ou Bulteus, fille et héritière de Charles de Bulleus, s'offre à relever un fief qu'il tient de l'abbaye à Omastre-en-Vimeu, et prête serment de fidélité entre les mains du bailli de Saint-Riquier, 14 janvier 1517. (1518.)

627. Trois aveux et dénombrement rendus à Nicolas de Fontaines, écuyer, seigneur d'Estreville et à Adrien d'Amerval, écuyer, l'un et l'autre co-seigneurs d'Omastre, pour divers fiefs dépendant de cette seigneurie. Mention de Florimont de Mailly, écuyer (1584). (Trois pièces.)

628. Reconnaissance de deux cents écus d'or soleil, au profit de dame Anne de Pisseleu, duchesse d'Etampes, par Jean de Barbançon, écuyer, sieur dudit lieu. (11 mai 1571.)

629. Reconnaissance de la somme de 600 livres, au profit de dame Anne de Pisseleu, duchesse d'Etampes, par noble homme Jean de Barbançon, chevalier, sieur de Varennes. (23 octobre 1571.)

630. Règlement de comptes au sujet de la succession de feue dame Anne de Pisseleu, duchesse d'Etampes, entre messire Jean de Pisseleu, seigneur de Heilly, au bailliage d'Amiens, et Louis de Barbançon, chevalier, seigneur de Cauny et de Varennes, près Noyon, d'une part; et maître Jean Padoue, procureur au parlement. (4 juin 1583.)

631. Jacques de Bertin, aumônier du roi, vicaire général de Charles de Balsac, évêque de Noyon, nomme à la cure de Genlis Claude Haubidan, religieux profès du monastère de Sainte-Elisabeth dudit Genlis, ordre de Prémontré, diocèse de Noyon. (19 février 1599, en latin.)

632. Bail à ferme consenti par Pierre de Boubers, écuyer, sieur de Haudencourt, au profit de maître Robert Gennod, de la terre et seigneurie de Baiencourt, à charge par celui-ci de payer, chaque année, la somme de 160 livres à messire Pierre de Rogres, chevalier, sieur de Ville-Vauchette, gouverneur des ville et citadelle de Noyon. (23 janvier 1612.)

633. Pierre Loisel, docteur en Sorbonne, chanoine de Noyon, héritier de Anne de La Barre sa mère, héritière elle-même

de feu Antoinette de Tilly, femme La Barre, donne procuration pour créance sur la terre de Chourières à Jean Icay, chanoine de Noyon. (1671-1672.)

634. Copie notariée de Lettres royales en faveur de Jean-François d'Artois, avocat au parlement, lui conférant l'office de conseiller au bailliage de Noyon, vacant par le décès de Charles Martine. (13 mai 1680.)

635. Compte de la châtellenie de Bailleul-en-Vimeux, rendu par Charles Cardon, à madame la princesse d'Epinay. (Années 1690 et 1691.)

Cahier, en papier, de douze rôles.

636. Acte de relief des terres et seigneuries de Thorigny et Pontriel, par Louis, duc de Saint-Simon. (1694.) (*Parch.*)

637. Acte de vente par Maximilien-Henri de Saint-Simon, marquis de Sandricourt, sieur de Damerocourt, Saint-Martin-le-Pauvre, etc., à Louis-Charles, marquis de Lameth et M.-Thérèse de Broglie, sa femme, des fiefs et terres de Damerocourt et Saint-Martin. (15 mars 1755; imprimé.)

638. Arrêt de la chambre des comptes qui autorise Nicolas-François Le Scellier, seigneur de Chezelles, conseiller au parlement de Metz, à rendre au roi foi et hommage pour la terre et seigneurie de Gauchy, en Picardie, qu'il avait acquise de Charles-Maurice Grimaldi de Monaco et de Marie-Christine-Chrétienne de Saint-Simon de Ruffec, son épouse. (1757.) (*Parch.*)

XIII. VALOIS.

639. Raoul d'Estrées, chevalier, du consentement de Marguerite sa femme et de Jean son fils, donne aux religieuses de l'abbaye de Longpré quinze muids de blé d'hiver, mesure de Crépy, à prendre chaque année à son moulin de Vé (Vez), en échange du vivier que ce monastère possédait audit lieu de Vé (février 1225, en latin).

640. Vidimus d'un Mandement de Louis, duc d'Orléans, à son maître des eaux et forêts de Valois, pour laisser prendre, dans une de ses forêts, par les religieux et abbaye de Saint-Jean des Vignes, à Soissons, le bois nécessaire aux réparations de leur maison et de leur église (1395). — *Parch.*

641. Nicolas de Beaucorroy, écuyer, capitaine des château et ville de Crespy-en-Valois, donne quittance de ses gages à

Pierre Cordelle, receveur du duc d'Orléans au comté de Valois (30 novembre 1401).

642. Messire Ythier de la Brosse, chevalier, seigneur de Parecy et de Lombus, donne quittance au concierge du château de Crespy d'une reute de quatre muids d'avoine (8 février 1408).

643. Citation donnée par le lieutenant du bailliage de Valois au siége de Crespy sur une contestation entre Audille de Montjus (*sic*), écuyer, seigneur de Fresnoy, et un fermier de ladite seigneurie (20 mars 1454).

644. Taxation des frais et vacations faits en une certaine cause par Pierre Letondeur, grenetier du grenier à sel de Crespy-en-Valois, pour le duc d'Orléans (1457). — *Parch.*

645. Procuration notariée, donnée par Pierre le Tondeur, garde du scel à Crespy-en-Valois, à son fils Regnault le Tondeur, pour rendre ses comptes par-devant les gens des comptes du duc d'Orléans à Blois (1460). — *Parch.*

646. Par-devant le tabellion de Senlis, Nicolas des Broyes, écuyer, seigneur de Pacy et de Nanteuil-le-Haudouin, fait donation à Guillaume Drouart, écuyer, de deux maisons sises à Crespy (8 mars 1473).

647. Jean Le Goux, greffier du bailliage de Valois, certifie que Jean Gorgias, écuyer, grenetier de Villers-Coterets, a payé plusieurs sommes à divers, pour dépenses faites audit lieu, lors de l'examen des témoins à l'encontre de Jean Luillier, lieutenant civil de la prévôté de Paris, seigneur d'un fief en Valois (1496). — *Parch.*

648. Vente d'héritages assis en la châtellenie de Crépy, au duché de Valois, faite au profit de noble damoiselle Jeanne de Nanterre, veuve de messire Jean Leullier (3 décembre 1521).

649. Reconnaissance de rente annuelle et perpétuelle sur une maison sise dans la châtellenie de Crespy-en-Valois, au profit de messire Eustache Leullier, chevalier, premier président en la cour des Aides de Paris (18 avril 1551).

650. Sentence de Pierre Le Febure, licencié es-lois, prévôt forain et juge ordinaire de la ville et châtellenie de Crespy-en-Valois, au sujet du partage de la succession de feu maître Jacques du Port, avocat du roi audit bailliage (18 septembre 1625).

651. Quittance de Anne du Fresnoy, veuve de Philippe Tarlé, conseiller du roi et élu en l'élection de Crespy-en-Valois,

des arrérages d'une rente constituée sur les aides de ladite
élection (1634). — *Signé.*

652. Adjudication prononcée par François de Paule Rangueil,
écuyer, seigneur de Haulmont, lieutenant-général civil et
criminel, commissaire enquêteur et examinateur au gouvernement, bailliage et siége présidial de Valois, en la ville
de Crespy (30 septembre 1672).

9 782329 593579